JN107321

私がイエナプランと
出会うまで

手のひらの五円玉

リヒテルズ直子
Naoko Richters

ほんの木

目次

はじめに

今でも時折、自分の小さな手のひらに乗っていた穴の開いた五円玉を思い出します。多分、小学一年生くらいだったと思いますが、初めて一人でバスに乗ってほんの一つ先の停留所までお使いに行ったときのことです。あの日から一人で移動する範囲が少しずつ広がっていきました。そして、六〇年近くたった今、わたしはフランスのとある過疎の村でこの文章を綴っています。ずいぶん遠くまで来たものです。ここに至るまで、日本中リュックを背負って旅し、一九歳ではじめてヨーロッパを訪れ、韓国や香港にも行き、やがてマレーシアに留学。そこで出会ったオランダ人の夫と共に、一〇年余りの歳月、ケニア、コスタリカ、ボリビアでも暮らしました。四一歳で夫の国オランダに住み始め、その後二〇年余りオランダとフランスの間を往来する生活をし、今はフランスに軸足を置いて生活しています。

ふり返ってみると、あの日の五円玉は「自立」の象徴だったのでしょう。とても不思議なことに、あの五円玉を握りしめていた日ほど、大人になってから日本を離れてよその国に行った日のこと、そのときに感じた緊張をあまりよく覚えていません。わたしにとって、自分の行動範囲は、あの五円玉の日に初めて両親に守られて暮らしていた実家を起点として、少しずつ同心円状に広がっていっただけで、ことのほか「外国に行くぞ」「海外に出るぞ」という覚悟のようなものはありませんでした。

人はよく「海外では違うのでしょうね」「やっぱり欧米はそうなんですね」「日本はやはり独自の文化がありますから」などと言います。そうした言葉を聞くたびに、何か腑に落ちないものを感じるのです。日本の国境だけが、やたらに高くそびえ立つ壁のように感じられるからです。わたしは、そういう壁をあまり実感したことがありません。海外だの欧米だのと、外国の人々や文化を十把一絡げにして日本と区別することや、日本には独自の文化があるといいながら、あたかも日本中の人が同じものの考え方をするかのように言うことには強い違和感を覚えます。

わたしが書くものに対して「外国のことばかり何でもいいように書いて」と非難めいたことを言う人がたまにいます。言われてみればそうかもしれません。でも、わたしはその人が見ている「外国」を、自分の世界の外にあるものだとは思っていないのです。わたしにとって、五円玉を握りしめていた日から徐々に広がっていった世界は「国境」などというもので仕切られる世界ではありません。わたしは、世界の中で、地球の上で生きているのです。だから「世界のどこかで、こんなことがあるんだよ。ねえ、こういう風に考えている人、こんな風にやっている人があそこにいるよ」と、自分が生まれ落ちた土地の人にも伝えたい、そう思っているだけです。多くの場合、人の欠点や悪いところを指摘するのは、無意識のうちに、それを通して自分がやっていることや考えていることを肯定したいときではないでしょうか。他人を否定し自分だけを肯定していても、学べることはあまりない気がします。ほかの人がしている良いことに目を向けることは、自分自身をふり返る上で良い視点になります。

「学び」とはなんでしょうか。わたしにとって「学び」とは、周りの世界を理解し、その世界を自身の中に取り入れ、それまでは知らなかった新しい知識や経験を自分の中で消化し、さらにより大きく一歩を踏み出して生きていくための指針を得るプロセスです。学校で学ぶ言語や数や論理や地理や歴史や実験・観察の仕方などは、自分の世界をより大きく広げ、より良く生きていくために、周りの世界を理解し自分のうちに取り入れていくためのツールなのです。そう考えるとわたしの本当の学びは、日本人かどうかとか、日本のことか外国のことかなどに関わらず、自分が行動範囲を広げながらさまざまな場所で出会った人々、そしてその人たちとの対話から得たものだったと思います。

わたしはこの一五年ほどの間、オランダで出会った「イエナプラン」を日本に普及するために力を尽くしています。新教育やオルタナティブ教育と呼ばれるものは世界にたくさんありますが、なぜか、イエナプランと出会ったときに「これこそ、わたしが求めていた教育だ」と直感しました。この直感の後ろには、それまでわたしが出会い、わたしを育んでくれた人たちが残してくれたさまざまなメッセージがありました。

そういうわけで、本書では誌面の大半を割いて、まず、わたし自身がイエナプランと出会うまでに、日本とそれ以外の国で、わたしの心に大きなものを残してくれた人々との出会いについて書いています。イエナプランをすでにご存知のみなさんには、「ああ、そういう出会いがあったからイエナプランに惹かれたのだな」とか「イエナプランを通してリヒテルズ直子が伝えようとしているのは、そういうことだったのか」という風に読んでいただけるとうれしく思います。また、イエナプランをまだあまりご存じでないみなさんには、できることなら、本書でさまざまな人々とのわたしの出会いを追体験して、イエナプランへの一つの導入としていただければ幸いです。

第一章
育んでくれた故郷の人々

最後まで人生を楽しんで生きた母

かれこれ一〇数年前、ある初老のご婦人とよもやま話をしていたときのことです。そのご婦人とお会いしたのは初めてでしたが、拙著を読んで、ぜひお話をしたいと、ランチに招いてくださったのです。話題がわたしの生い立ちに及んだとき、

「そうだったの、だから直子さんはしっかり自立できたのね。良かったわね」

と言われて、それまで自分では意識していなかったことに気づかされ、ハッとしました。

わたしには、一〇歳と八歳年上の二人の姉がいます。生まれたときからずっとそうでしたから、幼いころは家族とはそういうものだと思っていました。でも、多分四歳くらいのころ、父が姉二人を連れてどこかに出かけ、一日中、母と二人きりで留守番をしながら「どこに行ったのかな」と感じていたのをうっすら覚えています。きっと亡くなった姉たちの母親の命日だったのでしょう。母は、姉たちの母親が亡くなった後に父と結婚した「後妻」でした。ですから、わたしは父にとっては三女、母にとっては一人きりの実子でした。

母は、わたしが生まれた後も、一所懸命、姉たちの母親になろう、姉たちを立派に育て

なければという責務を感じていました。反対にわたしに対しては、「あなたはわたしの子だから、放っておいても自分でちゃんとやってね」と言わんばかりで、危ないことがない限りは知らん顔をしていて、わたしはいつも母の背中ばかり見ているような気持ちでした。もちろん、決して心の底から放任していたわけではありません。思春期のころまでは、姉たちのことは熱心に面倒をみるのに、わたしの世話はあまり焼いてくれない母に、自分が大事にされていないように感じ、独りで勝手に寂しさを募らせていたのです。

冒頭のご婦人にお話したのは、そんな内容だったと思います。

「良かったわね。だからそんなに自立できたのね」

と言われ、ああ、そうだったのかもしれないな、と改めて思いました。

母はもともと栄養士の資格も持っていましたし、結婚前は高校の教師をしていました。しかし、大正生まれで古い考えの父は、母が外で働くことを好みませんでした。姉たちはまだ小さかったし、母自身、専業主婦になるのが当然だと思っていたようです。

そんな母は、結婚後も若いころに親しんだ句作をずっと続けていました。「昔はね、先生から一つの季題で百句つくってこいって言われてたのよ」と言う母は、まるでスポーツでも楽しんでいるかのようで、何か心に残るできごとがあるとすぐに俳句にしていました。母の俳句は日記のようで、読み返してみると折々の心模様が手に取るように伝わります。

父は国立の教育機関の教員で、公務員でしたから生活にゆとりがあるとはいえず、母は和裁をして家計を助けていました。わたしが小学校に入学すると、小さいころから親しんでいた書道も始めました。でも、俳句や書道は道楽だからと、和裁のほかに書道教室も始め「遊ぶ費用は自分で稼いで」と考えていました。家督を継いでいた父の親族は慶事や仏事のたびに頻繁に出入りするし、やがて実母（わたしの祖母）も引き取り、二人の姉と私の育児も怠らず、趣味も家の仕事もこなすスーパーマザーでした。そんなに頑張らなくてもと思いますが、多分、主婦であること以外に、誰にも邪魔されずに自分の心を解放できる世界、自分を磨き続けていく何か挑戦的なものを持ち続けていたかったのでしょう。

わたしには、ずっと忘れられない母の言葉があります。何がきっかけだったのか忘れてしまいましたが、多分中学生ぐらいの多感な時期に、学校の先生だったか級友だったかの言葉に納得がいかず、腹立ちまぎれに母に愚痴をこぼしていたときだったと思います。母は、まな板の上でトントンと野菜を刻みながら、

「わたしが若いときにね、ある人がこういったの。『人間どんなに傲慢《ごうまん》になるまいと思っていても、どこかに傲慢さを残しているものだね』って。本当にそうだと思わない？」

この母の言葉は、そのとき深く心に刺さり、ことあるごとに「奢《おご》るなよ、謙虚になり過ぎるということはないのだから」とささやいてきます。

わたしを一九歳でヨーロッパに送り出してくれたのも、オランダ人との結婚に笑顔で送り出してくれたのも母です。母は戦後まもなく、欧米作家の小説を貪《むさぼ》るように読んでいましたし、自分も実は留学したかったのだと言っていました。

わたしを遠くに行かせようとしていた本当の理由は、姉たち二人がいる家庭に、いつまでも実子のわたしを置いておくわけにはいかないと考えていたからでした。

「わたしはあなたがどこに行っても寂しくないからね。どんなに遠くに行っても、あなたがわたしの娘であることに変わりはないんだから」

そう、カラッと笑って留学も結婚も快諾してくれたのでした。年を経るに連れ、どんなに寂しさと不安が増していたことだったろうと思います。

母は、六六歳で父を亡くし、七二歳でクモ膜下出血で倒れて亡くなるまで、誰にも頼らず、遠くへ行ってしまったわたしにたった一つの愚痴も言わず、最後まで人生を楽しんで自立して生きていました。

戦火の下で「舞え」と言った祖父

母が独身だったころの俳句に「盲《めし》ひたる父に蛍のこと言はず」という句があります。糖尿病だった祖父は、晩年、視力を失い、わたしが六歳のときに亡くなるまで、わたしの姿を自分の目で見たことはありませんでした。けれども、目が見えないことで不満を言ったり苛立ったりしている姿を見たことがありません。いつもあぐらをかいて肘かけに腕をのせ、悠々としている姿が強く印象に残っています。

母の実家には、そのころ、祖父が一人で用を足したり風呂場に行ったりできるよう、順路通り天井に紐が張られており、祖父は大きな体でよっこらしょと立ち上がると、この紐をつたって、家の中を一人で移動していました。毎朝、火鉢のそばに座っている祖父の横で、祖母が床に広げた朝刊の記事を単調な声で読んでいたのを思い出します。それから、ニュースや株式市況を伝える、これまた一層単調なラジオに耳を傾けていました。

祖父母の家には、近所の人たちが庭づたいに縁側まで来て挨拶していったり、ひょいと居間に上がって話し込んでいったりしていました。大抵の人は、祖父に何か助言を求めて来ていたように思います。みな、祖父の目が見えないことなど気づいてもいないかのようで、ふつうに話し、ふつうに帰っていきました。還暦を目前に亡くなってしまいましたが「惨めさ」を人に見せず、人から「慰め」も求めない祖父を、母はとても愛していました。

昭和三年生まれの母の青春時代は、太平洋戦争の真っ只中。空襲警報が鳴り響くたび、人々は自分の街が爆撃の標的にならないように家中の灯りを消し、暗幕を引いて飛行機の音がしなくなるまで待っていたり、防空壕に逃げ込んでいたという話を、わたしは小さいときから何度も聞かされて育ちました。

結婚して苦労を重ねた母は、怖いもの知らずで堂々とした人のように見えましたが、小さいときには、怖がりで恥ずかしがり屋だったといいます。

「あのころは、もうノイローゼみたいになっていて、警報が鳴ってもいないのに、警報が聞こえるといっておばあちゃんに気味悪がられたのよ」

と言っていました。

そんな風だった母に、ある晩突然、祖父は「舞え」と言ったのだそうです。

当時、母は仕舞《しまい》を習っていました。現代なら、娘にバレエを習わせるようなお稽古ごとの一種だったのでしょう。母が空襲を恐れている様子を見て、祖父は、灯りが戸外にもれないように暗幕でおおいつくした座敷で、母にひと言「舞え」と言ったそうです。

母が好きだった祖父の思い出には、こんな話もありました。

母がもっと小さい小学生のころの話だと思います。祖父は、近くの書店に母を伴い、

「今からちょっと仕事の話をしてくるから、ここで本を選びながら待っていなさい」

と母を一人置いていってしまったのだそうです。

本好きだった母は、書店の棚に並べられた本を見てどれも面白そうだと迷いつつ、やっと一冊の本を選び、祖父が戻ってくるのを待っていました。やがて戻ってきた祖父は、母の選んだ本が一冊だけだったのを見て、

「それだけかい、もっとほかに読みたい本はないのかい？」

と言いました。母はまた、二冊ほど棚から本を取り出してきました。

すると祖父は、

「まだあるだろう、読みたい本があるならもっと持ってくればいいのに」

と言うのだそうです。

そうこうするうち、勘定場の横には一〇数冊の本が積み上げられました。

祖父は、母が取り出してきた本がどんな本なのか、中に何が書いてあるのかなど一切気

にもとめず、本の山をそのまま店員さんに渡して支払いを済ませ、何冊もの本にかけられた紐をひょいと手に取り、もう一方の手で母と手をつないで、ぶらりぶらりと家路についたのだそうです。

「あんなにうれしいことはなかった……」

母は祖父が亡くなって何年も経ってからも、まるで、つい昨日のことのように懐かしそうに語ってくれたものでした。

祖父母が生きた時代は、物のなかった時代です。そんな時代に子どもを育てるのは、どんなに不便で不安だったことでしょう。

爆撃機が近づいているとき、気弱になっていた母に「舞え」と言い、読みたい本を好きなだけ与えた祖父は、風流を愛した人でした。物がなくても、人を人らしく生きさせるのは風流だと思っていたのではないかと思います。心の中では、戦争に血気を燃やすなどという愚かな人間になるな、とつぶやいていたかもしれません。

高祖父の墓参りと咸宜園《かんぎえん》

福岡県うきは市、かつては浮羽郡吉井町と言われていた場所に若宮八幡宮という小さな神社があります。この神社は、父の先祖が何代にもわたって大宮司をつとめていたというゆかりの神社で、鎮守の森の後方にある田んぼの畦道を行くと、父方の先祖を祀った古い墓地があります。

子どものころから、春と秋の二度の彼岸と盆に、福岡市内の実家から電車やバスを乗り継ぎ、一家揃って墓参りに行くのが慣わしでした。春の彼岸には筑後川の堤が菜の花で鮮やかな黄色に彩られ、それはきれいでした。お盆には耳納《みのう》連山の山麓《さんろく》の村々に巨峰が実り、墓参りの日は、子ども心にはまるでピクニックにでも行くようなウキウキした一日でした。

墓地の中央には、先祖代々の遺骨を納めた大きな「家」の墓石があります。その周りには、あまりに古くて誰の墓なのかもわからなくなってしまった個人の小さな墓石が並んでいます。その中に一つだけ、先祖代々の墓石とあまり変わらないほど大きな個人墓があります。「孟真」という名が刻まれたこの墓は、そこからそれほど遠くない、かつて天領だった日田という町にあった『咸宜園』という塾で学んだ高祖父の墓です。明治維新の直前、一八五八年に三五歳で亡くなっており「若くして惜しまれて亡くなった偉い人だったんだよ」と何度、両親に聞かされたかわかりません。

墓石についた苔や汚れをそばの清流から汲んだ水で洗い流し、お花を生け、線香を灯してお参りを終えると、みな、すがすがしい気持ちになり、バス停までの田舎道をぶらりぶらりと歩いて、のんびり帰路についたものです。たまに、日田まで足をのばすこともありました。日田に行くと、たった今、参ってきたばかりの「孟真」に因み、咸宜園跡を訪れることもありました。

咸宜園は、江戸時代後期の文化二年（一八〇五年）に、廣瀬淡窓《ひろせたんそう》という儒学者が開いた私塾（学校）です。全国各地に藩校や私塾がつくられ、私教育が行われていた時代のことです。

「咸宜」とは「詩経」にある言葉からきたもので「咸《ことごと》く宜《よろ》し」という意味なのだそうです。日田市が公表している「咸宜園」の説明によれば、創設者の淡窓は、「身分や階級制度の厳しい時代にあって、入門時に学歴、年齢、身分を問わない『三奪法《さんだつほう》』により、すべての門下生を平等に教育しました」とあります。実際、咸宜園に行ってみると、管理人さんが、

「ここでは、一〇代の子も二〇代の大人も、みな、肩を並べて一緒に学んでいました」と説明してくれます。広瀬淡窓は儒学者でしたが、咸宜園の弟子たちは蘭学も学んでいました。幕末にありとあらゆる学問を、広い層の人々に年齢を問わず学ばせようとしていたのです。

説明には「規則正しい生活を実践させる『規約』や門下生に塾や寮を運営させる『職任』など、門下生の学力を引き上げ、社会性を身につけさせる教育が行われました」とも書かれています。「規約」は、あたかも近代の法治の仕組みを門下生に学ばせていたかのようです。「職任」とは門下生による自治のことだったのでしょう。

代々「博多屋」と称した商家の出身、二四歳で初めて塾を開き七五歳までの人生を教育者として生きた淡窓は、家柄や階級というよりも、平等意識や学者としての気概が強かったのかもしれません。高祖父「孟真」の墓石には、弟子たちが残した「数学や言語に優れ」という言葉が刻まれていますが、彼は淡窓から何を学び、咸宜園でどんな塾生活を送っていたのでしょうか。できることなら、ゆっくり話を聞いてみたいという気持ちさえ、湧いてきます。

孟真の末裔《まつえい》である父とわたしは、結局「教育」を天職とすることになりました。

わたしは、めぐりめぐって、とうとうオランダくんだりまで来て「イエナプラン」という教育理念と出会い、日本にそれを普及させようとしています。イエナプランは、学年制をやめて、異年齢グループの中で子どもたちを育てることを強調しています。対話や自治、子どもの主体性や当事者意識を重んじます。それだけいえば、日本の教育とは遠くかけ離れたもののように聞こえるかもしれません。「咸宜園」では、淡窓がすでに江戸時代の終わりに、そういう教育を実践していたというのです。日本のさまざまな地にあったほかの塾で、果たして、どれほどの学校が学年制を敷いていたでしょうか。

真の教育とは、年齢や身分の違いに関わらず、心の内から湧き起こる学びへの意欲、だからこそ、やらずにはいられない学ぶ者同士の対等な対話から生まれるものです。そして、人は、学びの過程にあるとき、自分たちの生活を自主的に管理し治める態度も身につけ、やがて独立した一人の人間として社会に出ていく準備をすると考えるほうが自然だとも思います。世界のいろいろな場所で、昔から人々が行《おこ》なってきた原初的な学びの形とは、元来そういうものだったのではないでしょうか。

跳び箱を最初から

わたしは、小学生のころ体育が苦手でした。体育の授業がある日は朝から気分が沈み、運動会シーズンになると気が重くて仕方がありませんでした。

体育が嫌いになるなんて、小学校にあがるまでは誰も思っていなかったのです。何しろ父は、暇さえあれば娘たちを外に連れ出し、近くの学校の運動場でボールを蹴ったり鬼ごっこをしたりして遊ばせてくれていましたし、剣道や卓球など、とにかく体を動かすことが大好きな人でした。母も、女学校時代にはバスケットの選手だったという人でした。そんな風だったので、わたしにとって外遊びは習慣だったたし、かけまわったりボール遊びをすることが大好きでした。

ただわたしは、両親の方針で幼稚園にも保育園にも行きませんでした。そのためか小学校に入学直後、いきなり周りにたくさんのほかの子どもたちがいる環境に馴染めず、とても緊張していました。

小学校に入学して一週間目、担任の先生がクラスの子どもたち全員を連れて、運動場にあるいろいろな体育器具を見て回りました。元気いっぱいの男の子や、おてんばそうな女の子は、鉄棒のところに来ればすぐにぶらさがってみるし、すべり台に行けば走って上までかけ上る。そういう姿を、わたしは呆気にとられて見ながらすっかり気おくれしていました。そして、先生と一緒にクラスの子どもたち全員と登り棒のところまで来たときに、決定的なことが起きたのです。

「さあ、交代で登ってみなさい」という先生の声に、元気な子どもたちは、われ先にと登り棒をつかまえ、上手な子は、あっという間にスルスルと天辺《てっぺん》近くまで登っていきました。わたしは、そういう子どもたちの中にいて、すっかり怖気《おじけ》づいてしまったのです。

登り棒に近づこうともしないわたしを、先生は急かすように登らせようとしました。急かされれば急かされるほど気持ちは萎えていきました。まだ名前も知らない、話をしたこともない級友たちが、わたしのほうを不可解そうに見ているというだけで、泣きたいほど追い詰められてしまいました。登り棒につかまってはみたものの、一寸も上には登れなかったのです。「仕方ないわね」という先生の言葉が心に突き刺さりました。

それからというもの、体育嫌いになってしまったのです。どんな運動をするときも、やる気も出ないし、勢いも出ないのです。

そんなわたしに転機がきました。五年生のときでした。

ある日、体育の時間に運動場で跳び箱を飛ぶことになりました。わたしは跳び箱も大の苦手で、勢いをつけて走っているつもりなのに、跳び箱の前まで来ると怖くなって立ち止まってしまいます。幸いそういう子がわたしのほかにも何人かいました。M先生という男の先生は、そういう子どもたちを数人かたわらに集めて、一番低い一段から飛ぶ練習をさせてくれました。

一段から二段へ、二段から三段へと順序を経て練習をしていくうちに、わたしと数人の子どもたちはみな、四、五段まで難なく跳べるようになりました。「跳べた！」「できた！」という達成感は、何にもかえがたい喜びでした。

うれしかったのは跳び箱が飛べるようになったことだけではありません。それ以上にうれしかったのは、いつも心が沈んでしまうほど大嫌いだった体育が少し好きになれ、気持ちが楽になったことでした。

「特別支援」という言葉を聞くたびに思い出すのは、M先生がわたしたちにしてくれた跳び箱の特別支援のことです。「特別支援」というと、多分、昔の教育を知っている人は、何か障害がある子どものための、かつては「特殊教育」と呼んでいたものを言い換えただけと考えるようですが、それは違います。

「特別支援」は、何らかの特別の教具や教材を使ったり、教え方を変えたりすることで、ほかの子どもと一緒に普通の学級で共同生活ができるようにすることです。心身に障害を持っている子どもは、そういう支援が必要なことがほかの子どもより少し多いというだけのことです。普通の子どもでも、「特別支援」が必要なことはたくさんあります。

教員の役割は、それぞれの子どもが、苦手だ、難しいと感じていることを、今、その子が自力でできるところまで戻って、その子にふさわしい方法で学び直すチャンスや方法を生み出すことなのではないでしょうか。

直子を世界に翔ばせなさい！

お向かいの家から、ピアノの伴奏とともに「アン、ドゥ、トロワ」とフランス語で数える元気の良いかけ声が聞こえてきます。これはわたしが小学生のころ、毎週土曜日の午後の慣わしのようなものでした。声の主は、近所の子どもたちにバレエを教えていたトミ子先生です。トミ子先生は当時五〇才くらい、ご主人の芳道先生は、わたしが六才から習い始めたピアノの先生でした。

わたしたち一家が、父の仕事の関係で下関から福岡に引っ越してきた数か月後、通りをはさんですぐ目の前の空き地に、壁いっぱいの大きな鏡とバレエの練習用の木製のバーがついた、二〇畳ほどの板張りのホールのある新築の家にご夫妻が引っ越してこられました。

戦後間もなく、アメリカ人の家からもれ聞こえてきたピアノの音に心を揺さぶられたという母は、自分の子どもにピアノを習わせるのが夢だったそうで、芳道先生がピアニストだと知ると、早速、実家の父親にねだって小さなアップライトのピアノを買ってもらい、娘たち三人のピアノのレッスンをお願いに行きました。大正生まれの父も、戦前からクラシック音楽が好きで、レコードを何枚も集めているような人でしたので、異存はありませんでした。父と芳道先生は、野山を歩き写真を撮るのが好きで、けっこうウマが合っていたようです。こうしてご夫妻との長い長いおつき合いが始まりました。

芳道先生とトミ子先生ご夫妻は、引き揚げ者でした。

中国に満州という日本の植民地があった時代、芳道先生は日本の放送局の専属ピアニスト、トミ子先生は外交官の娘だったと聞きました。「北京の自宅の広い庭にはリラの花が咲いていたのよ」というトミ子先生の言葉を聞いて、リラの花ってどんな花なんだろうと、ずっと長いこと心の中で想像していたのを思い出します。

残酷な時代、日本が侵略し占領していた中国大陸には、第二次世界大戦末期、ロシアの兵士たちが攻め込んできて、芳道先生が弾いていたピアノは兵士らに叩きこわされ、文字通り、とるものもとりあえず、引き揚げ船に乗り込んで博多にたどり着いたのでした。

その時代のことを、ご夫妻はほとんど口にされませんでした。かつて、「大陸に行く」というのは、大事業で一儲けしたり、日本国内にいるよりも豊かで贅沢《ぜいたく》な暮らしをする成功ストーリーだと思われていた時代がありました。戦争に負けて大陸から命からがら引き揚げてきた人たちを、本土の日本人は必ずしも歓迎せず、戦後「引き揚げ者」と呼ばれる人たちの中には、戦前の生活からは想像もできない苦労を負った人たちがたくさんいました。

そういう苦労を語っても、本土にいた日本人は自分のことで精一杯か、戦前の大陸での豊かな生活への嫉妬心からか、耳を傾けてくれる人はほとんどいませんでした。わたしが子どものころには、そういう人たちがたくさんいました。大陸から引き揚げるときの話はどれも悲惨で、想像を超えるものばかりでした。

トミ子先生は、引き揚げ後、身を寄せた芳道先生の実家で、一〇畳座敷の広間を借りてバレエ教室を始めました。外交官の娘として何不自由なく、ピアノ、バレエ、絵画、フィギュアスケートなどの習い事をし、ピアニストの妻として優雅に暮らしていたトミ子先生にとって、四〇歳を過ぎて家財の一切を失った後に「生き延びていくためにやれること」は、一番好きだったバレエを教えることしかありませんでした。芳道先生は、引き揚げ後、高校の音楽教師を一五年間勤め、退職後、蓄えをはたいてトミ子先生のためにバレエ教室のある家を建てました。ご自身は、夕方になると自転車にまたがり、一時間ほどで行ける場所にあった米軍基地のバーでピアノを弾いて収入の足しにしておられました。

天気の良い日には、小さな庭にうっそうと茂らせた木のかげで食事をしている姿に、近所では二人の生活が「日本人離れしている」と陰口をたたく人もいました。でも、わたしの両親は、愚痴など一切言わずに穏やかな微笑みを絶やさないご夫妻が大好きでしたし、実際、お二人とも、人の噂など気にもせず、自分たちらしい生活を楽しんでいるように見えました。トミ子先生が出かけるときには、つばの広い大きな帽子をかぶり、高いハイヒールの靴をはいて、背筋をピンと伸ばし、それは颯爽《さっそう》としていました。

わたしから見ると祖父母ほどにも年が離れていた芳道先生とトミ子先生ですが、小言を言われたり叱られたりしたことは一度もありませんでした。わたしが成長して二六歳で日本を離れるまで、レッスンのない日でもふらりと立ち寄ってご夫妻とお喋りすると、なぜかほっとしたものです。いつ行っても断られることはなく、何を言っても「批判がましい」ことは言わず、いつも何か小さなことを褒めてもらったり、励ましてもらったりしました。

わたしがマレーシアでオランダ人の夫とめぐり会い、結婚したいといって父に猛反対されたとき、母はトミ子先生に相談に行きました。トミ子先生は何の迷いもなく「直子を翔ばせなさい」とおっしゃったそうです。以来ずっと、翔ばなければ、翔び続けなければ、と思っています。

諦《あきら》めるなら一〇年してから

この一〇数年、オランダの学校教育について何冊かの本を書き、翻訳書を出してきたわたしが、かつて、一〇年近くマレーシアの教育や社会について研究をしていたことを知る人はあまりいません。一九七〇年代後半から一九八〇年代前半までの大学院時代のことです。

そのころのマレーシアは今とは違い、日本企業といっても数えるほどの駐在員しかおらず、日本から観光目的でマレーシアを訪れる人も滅多にいない時代でした。ましてや、マレーシアの教育について研究している人は皆無で、経済学者や人類学者の研究は日本にもありましたが、教育学の研究者は、わたしが知る限り、ほかにはあまりいませんでした。

しかし、実際に取り組んでみると、マレーシアは色々な意味で日本とも欧米とも異なり、国の姿や教育のあり方から、それまでにはなかった視点を得ることができ、考えさせられることの多い学びでした。

そのころのマレーシアでは、のちに首相として長い年月にわたって権力の座についたマハティールが、文科大臣としてブミプトラ（原地人）優先政策に手をつけ始めていました。

一九五七年までイギリスの植民地だったマレーシアには、以前より中国やインドからの移民が多く、全人口のほぼ半数を中国人とインド人が占めていました。前者は主として商売を目的に、後者は、マレー半島と同じくイギリス領だったインド南部やセイロン（今のスリランカ）から下級官吏やゴム園労働者として移住してきた人たちとその子孫です。

マレーシアは、独立後、このような多民族国家の中で、特に国民を経済発展に動機づけるために国家主義を必要としており、支配者たちは、昔からその土地に住んでいたマレー人の文化や言語を国民のアイデンティティのより所にする必要があると考えたのです。それは植民地時代にイギリスから保護されていたスルタンといわれる地方の王族の権益を守るためでもありました。

しかし、植民地時代以来、英語教育を受けて高い教養や学歴を持っていたのは、マレー人ではなく中国人やインド人のほうでした。そこで、ブミプトラ政策では、今までほとんど学校にも行かなかったマレー人の言語や文化を学校で優先し、彼らを大学入学や就職でも優遇することで、中国人やインド人との教育格差や経済力の差を縮めようとの意図があったのです。いうまでもなく、マレー人にとってはありがたい話ですが、中国人やインド人にとっては、彼らがこの土地で長く築いてきた利権と人権に関わる迷惑な話でした。実際、一九六〇年代末には流血の対立も起き、わたしがマレーシアに滞在していた一九八〇年代にも、マレー人と非マレー人との間に強い不信感があることは日常生活でも感じられました。

島国である日本が「単一民族・単一文化の国」と信じてきたわたしにとって、異なる文化的背景を持つ人々がお互いに異なる利害関係を持ちながらも、独立国家としてなんとか国民らしくまとまり、経済的にも一人立ちしていかなければならないという姿は、語弊《ごへい》があるかもしれませんが、新鮮でした。特に、若い国の国づくりのために、支配者たちが学校にパワフルな役割を期待している様子は、日本の学校や教育のあり方、特に明治維新後の日本の公教育政策を新たな視点でふり返るきっかけとなりました。

ただ、当時わたしが困っていたのは、研究資料が決定的に足りないことでした。

今のように、自分の興味のあるテーマについて、キーワードを入れてインターネットで検索すれば、数秒もしないうちにそのキーワードに関する学術記事がずらりと画面に出てくるという時代ではありません。大学の図書館で手に入ったのは、「大東亜共栄圏」という言葉がまかり通っていた戦前の東南アジアの資料だけです。つまり、日本が大東亜戦争と呼んだ第二次世界大戦当時に、こうした地域を侵略するための戦略用の資料がほとんどでした。それはそれで興味深いものでした。しかし、戦後に独立を果たした国々が、今、どんな政策を行い、どんな教育制度を持っているかを調べる資料は、ほんのわずかでした。毎年、夏休みに上京しては、国会図書館やアジア経済研究所などに足を運び、やっと見つけた資料のコピーを、何時間もかけて取っていた日々のことを思い出します。

そんなとき、わたしの様子をみて声をかけてくださったのがA教授でした。タイの教育を専門に研究していらした人類学者でした。教授は、ふさぎ込んでいるわたしに微笑み、「一〇年ですよ、一〇年経ってそれでもダメだったらあきらめてもいい」とおっしゃいました。

一〇年か……。当時のわたしには、正直、気が遠くなるような時間に思われました。でも、何かを極めるには時間をかけることが必要なのだ、ということをそのときに教わりました。早く誰かに認められたいと焦《あせ》るのではなく、コツコツと時間をかけて続けていれば、それだけでもそれなりのことに到達できると受け止めることもできました。以来これまで、何かに取り組んで暗礁《あんしょう》に乗り上げそうになるたび、「まあ焦らず一〇年後をみよう」と考えられるようになりました。

遊んでくればいいと言われて留学へ

ひと晩中眠れず、何度も何度も考えた末、その日わたしはS教授の研究室の前に立っていました。ドアには「御用のある方は事前に電話で約束をしておいでください」と書かれた小さな紙が貼られています。そんなことは百も承知で、朝のうちに電話で約束をして、ここまでやってきたのです。

S教授というのは、わたしが博士課程で編入した社会学科の指導教授でした。教育学でマレーシアの研究を続けるには限界を感じ、修士課程を終えた後、進路を決めかねていたわたしに、その前年、社会学科の博士課程への編入を認めてくださった先生でした。社会学を専攻していたわけでもなく、社会学の基礎すらよく学んでいなかったのですが、マレーシア研究を続けるのなら現地に行くしかない。それならば、もっと幅広く社会全体を視野に入れたいし、社会調査の方法も学びたいと考えてのことでした。

S教授の研究室のドアの前に立っていたのは、社会学科に編入してから約一年後、実はマレーシアへの留学が決まっていたときでした。

マレーシア研究はとにかく続けていました。しかし、社会学科に移籍してテーマを広げてはみたものの、やはり国内に同じ分野の先行研究者がいないのは困難なことでした。

そんなある日、大学の掲示板で全国から数名の学生に海外留学の奨学金を支給するという広告を見つけました。二年間の留学期間中の授業料、往復渡航費、滞在費、現地での語学研修費等が支給されるほか、返済の義務もありません。しかも末尾に小さな文字で、「定員の留学生のうち一人だけは開発途上国への留学希望者を募る」と書かれていました。願ってもないチャンスでした。

早速、インドネシアの留学生を探し出し、マレー語の特訓を始めました（マレー語はインドネシア語と八〇パーセント以上同じ）。応募で添付する研究計画書を現地語で書かなければならなかったからです。

今なら、インターネット翻訳を使うこともできたでしょうが、当時は辞書と首っぴき。翻訳を手伝ってくれた薬学部の留学生は、夜中まで自分の実験をしながら、その合間にわたしのマレー語を特訓し、翻訳を手伝ってくれました。

こうして書類審査は通過、次は現地の大学の教授に受け入れ証明書を書いてもらわなければなりません。もちろんやり取りは郵便です。先方の教授が受け取ってくれたのか、返事を書いてくれているのか、不安な気持ちで待つしかありませんでした。数か月後に、ようやく返事の書類を受け取ることができました。

いよいよ最後の面接試験までたどり着きました。ところが、上京して明日は面接という日になって、ふと心配になってきました。面接は英語だと思い込んでいたのですが、もしや現地語の面接もあるのだろうかと不安になったのです。念のためと思い、電話をかけて聞いてみました。秘書の方が丁寧に対応してくれたのですが、なんと「面接は現地語でします」とのこと。

ドキッとして、なぜ前日になるまで、そんな肝心なことを確かめなかったのだろうと、われながら恥ずかしくなりました。でも、くよくよしている暇はありません。とにかく、翌日までにマレー語で研究計画を話せるように頭にたたき込むことにしました。ホテルの部屋で、くだんの留学生に訳してもらったマレー語の研究計画書を繰り返し読み、キーワードを書き出しました。マレー語の文法は簡単なので、語彙《ごい》さえ頭に入っていればなんとかなると自分に言い聞かせました。

とまあ、文字通り「一夜漬け」で面接審査を受けたので、「ああ、きっとダメだな」と思い込んでいましたが、一か月後、大学の同僚と調査に行っていた沖縄のホテルに両親が電話をかけてきて、合格を知らせてくれました。調査に行っていた友人たちが、その晩は一緒に祝杯をあげてくれました。教育学部でマレーシア研究を始めて以来、五年以上の歳月が経っていました。ようやく、夢が叶いマレーシアに行くことになったのです。

もともと冒険心など微塵《みじん》もなく、どちらかというと引っ込み思案なわたしは、留学が決まってその興奮から覚めると、今度はだんだん不安になってきました。

ひと晩中眠れずにわたしを悩ませていたのは、マレー語の面接試験も一夜漬けで受け、社会学の素養もまだほとんどない自分のような学生が、奨学金をもらって留学するなんて間違っている、という自責の念でした。奨学金は辞退しようと思うと言うために、S教授の部屋の前に立っていたのです。

わたしの話をうつむいたままじっと聞いていた教授は、わたしが話し終えると、大きな口を開けてアッハッハと笑い、たったひと言「遊んでくればいいんですよ」とおっしゃいました。この言葉にどれだけ助けられ、教えられたかわかりません。「遊んでこよう」と決めたことで、留学先のマレーシアで、自分の稚拙《ちせつ》で小さな研究枠組みなどにとらわれることなく、心も脳も全開にして、未知の社会に身を投げ込むことができたからです。

第二章

海の向こうでめぐり会いし人と社会

マレーシアのインド人家庭に下宿して

毎朝、まだ日も昇っていない四時ごろ、間借りしていた部屋の窓のすぐ向こうで、慌ただしい人声がし、ペンキを何度塗り替えたかわからないくらい古い空色のプジョーが、何度もエンジンをかけては止まり、ようやく何回目かにスタートして門を出ていく。マレーシアの首都クアラルンプールでの下宿生活は、いつもこんな朝の喧騒から始まりました。

真っ青な熱帯の空に真っ白なマグノリアの花が匂うように咲き乱れた一本道を、大学行きのバスの停留所まで歩いていく途中に、緑色に塗られた板張りの建物があり、中は四畳半ほどの広さのインド商品の雑貨店になっていました。この店のオーナーが、下宿の大家、カンダヤ夫妻でした。朝のけたたましいプジョーは、赤、青、オレンジなど、色とりどりのプラスチックのバケツに仕分けしたインド産の米や野菜や香辛料などを、家から雑貨店に運んでいくためのものでした。

雑貨店の軒下には、タミール語で書かれた新聞が洗濯バサミで吊るされ、近所のお得意さんらしいインド人の男たちが、サロン一つを腰に巻いて、コップに溢れそうな熱いミルクティーを手に雑談していました。

わたしは、カンダヤ夫妻の家に下宿した第一号の学生でした。少し前に、次男がイギリスに留学して部屋が空いたので、初めて新聞に下宿広告を出したところにやってきたのがわたしだったのです。イギリスには二年前に、長男もすでに留学していました。父親のミスター・カンダヤは公務員を退職して数年目、ミセス・カンダヤは、夫の退職金と雑貨店の収益で、自分たちは慎ましく倹約生活を送りながら、二人の息子をイギリスに留学させていました。

マレーシアでは、インド人の地位は決して高くありません。金持ちはたいてい中国人で、インド人の多くはゴム園労働者として粗末な家に住み、安い賃金で働いているか、クアラルンプールなどの都市で、清掃業などで日当を稼ぐ暮らしで、ほんのひと握りのインド人だけが、公務員などの親のもとで学歴を得て成功していました。

カンダヤ夫妻は、マレーシアでは将来、息子たちが成功するチャンスはないと考えていました。ブミプトラ政策で何事にもマレー人が優遇される社会で、移民の子孫である彼らにチャンスがめぐってこないことはわかっていました。実際、多くの中国人やインド人の親は、子どもを成功させるために少々の無理を承知でヨーロッパやアメリカに留学させていました。親たち自身が、祖国を離れてきた移民でした。

カンダヤ夫妻の生活は、毎日判で押したように規則的なものでした。とりわけ、ミセス・カンダヤは、毎日、午前中店番に出て、昼ご飯の後、ミスター・カンダヤと店番を交代。昼食後の午睡《ごすい》から覚めると、贅沢品など何もない質素な居間を隅々までピカピカに磨き上げ、シャワーを浴びて身を清めます。それから家中をお香を持って歩いて煙で燻《くすぶ》らせ、風の通る涼しい戸口に座って、毎日同じヒンズー教の賛美歌を歌っていました。

そして、客足の増える夕方から、再び店番のため、洗い晒しのサリーをさらりと身にまとってゆったりとした歩調で出かけていきました。洗濯機も買わず、火曜日の朝は裏庭に大きな金だらいを出して焚き火にかけ、シーツや下着など、家中の白物を煮沸《しゃふつ》洗濯。ヒンズー教の聖日である金曜の朝は、店を閉めて寺院に参り、帰りに市場で一週間分の食糧を買ってくるという生活でした。

ミセス・カンダヤは、タミール語のほか英語をとても上手にしゃべりました。学歴は小学校だけでしたが、イギリス領時代だったので学校では英語で学んでいたそうです。わたしの下手な英語を「え、今なんて言ったの?」と遠慮会釈なく聞き返し、タミール語独特の巻き舌なまりの英語で訂正してくれたものです。

彼女には、八人の兄弟姉妹がおり、そのうち一人はカナダ、一人はスウェーデン、一人はオランダ、一人はシンガポールに住んでいました。わたしたち日本人が英語一つよく話せなかった時代です。政治家たちは「国際化」という言葉をしきりに使っていましたが、大半の日本人にとっては、国際化と言われても団体旅行で海外に行くのが精一杯という時代でした。そんな時代に、雑貨店主のミセス・カンダヤの親族は世界を股にかけて暮らしていたのです。

当時四三歳だったミセス・カンダヤは、今八二歳。イギリスから戻ってきた息子たちは、間もなくオーストラリアとニュージーランドに移住していきました。年の離れていたミスター・カンダヤとは二〇年ほど前に死別し、以来、一人暮らしです。子どもたちとは、いつもオンライン電話で連絡をし、わたしの携帯電話にも頻繁にオンライン電話がかかってきます。今でも、毎年インドのヒンズー寺院を訪れ、その後一か月間、孤児院でボランティアをして帰ってきます。クアラルンプールでは大学病院のホスピスで癌患者の話し相手になるボランティアもしています。

敬虔《けいけん》なヒンズー教徒ですが、ほかの人やほかの文化にも大きな関心を示し、納得がいかなければはっきり自分の意見を言う、毅然《きぜん》とした態度が魅力の女性でした。

ラジャとラオ

カンダヤ家での毎朝四時の出荷では、ラジャという二二歳の青年が必ず手伝っていました。わたしが下宿人として住み始めたとき、ミセス・カンダヤは「何か必要なものがあったりわからないことがあったら、この子に頼めばいいからね。絶対に物を盗んだりしないから、信用して大丈夫」と紹介してくれました。インド人らしく肌は濃い褐色で、真っ白な歯を見せる笑顔と、背は低いのに長い足で大股に歩くのが印象的な青年でした。

ミセス・カンダヤはどんな縁なのか、このラジャを一四、五歳のときから自宅に住まわせて寝食を共にし、雑貨店で働かせて、月給のほか、将来、独立するときのためにと、ラジャ名義の口座を設けて少しずつ貯金してやっていました。

ミセス・カンダヤは、ポンポンと威勢よくものを言う人で、日本人が女性に期待するやさしさやしとやかさはあまり感じませんが、ラジャのことは、わが子同然に面倒をみていました。兄弟姉妹の多いミセス・カンダヤはしばしば親族の集まりに出かけていましたが、そんな時にもラジャはいつも一緒でした。ラジャのほうもカンダヤ夫妻を両親のように信頼しており、困ったことがあるとなんでも相談していました。

いつもは明るく快活なラジャでしたが、たまに、ふさぎ込んだ表情になることがありました。それは、特にクアラルンプールのスラム街にある貧しい実家で母親や弟たちに会ってきたときでした。ラジャの父親は小さいときに亡くなり、兄と姉はほどなく家を出、ラジャは子どものころから母親を助けてお金になる仕事は何でもやりながら弟二人と妹一人の面倒をみてきたといいます。貧しい母親は、そのころ、老婆のような姿で繁華街の街角に立って駄菓子を売っていました。もちろん、ラジャがそういう境遇に置かれていたことや、家族が貧困を強いられていたことは、決して本人のせいでも両親のせいでもありません。元をたどれば、植民地支配にさかのぼることだったのかもしれません。

けれども、ミセス・カンダヤには、そんな言いわけは通用しませんでした。「苦しければ、酒などにのめり込まず、努力してはい上がればいい、ウィル・パワー（意思の力）で乗り越えろ」というのが、敬虔なヒンズー教徒であり、日々、子どもたちのために節約と勤勉を重ねてきたミセス・カンダヤの言い分で、その強い主張にはラジャもわたしもひと言の反論もはさみ込めませんでした。

自分が学校に行ったことのないラジャは、弟ヴェロには、何としても良い学歴をつけさせたいと思っていました。けれども、中学二年の反抗期の弟にはラジャのその思いはなかなか伝わりません。ヴェロに「なぜ勉強しないんだ」と叱りつけるラジャのそばで、ミセス・カンダヤは「ウィルパワーだよ」と口を酸っぱくしてさとすのです。ヴェロは今にもあふれそうな涙をこらえ、黙ってうつむいて聞いていました。日本では物があふれ、一億総中流とさえいわれた高度成長期のさなか。豊かな時代を苦労なく生きてきたわたしには、目の前でくり広げられているドラマに、さしはさむ言葉が見つかりませんでした。

ある日のこと、げっそり痩せて目だけがギョロリと光っている男の子がやってきました。どう見ても七歳ぐらいにしか見えない体格ですが、もう一三歳だというのです。話しかけても聞こえているのかいないのか、無表情でおし黙っているだけのラオという名のこの子も、その日からカンダヤ夫妻の店で働き始めたゴム園労働者の子どもでした。働くといっても、ひと言も口を開かないラオは、買い物客の注文に応じて、ココナツの実を半分に割り、内側の白い果肉を機械で削り取るという単純作業だけをまかされて、それを黙々と雑貨店の横の空き地でこなしていました。

ところが、二週間ほどして突然ラオがいなくなってしまったのです。早朝、いつものように商品を車に積み込み門扉を開けたところで、ラオの姿が見えなくなっていたのです。カンダヤ夫妻はあたり中を探し回りましたが見つからず、その晩、とうとう警察に届けが出されました。結局、それから二日ほどして、ラオはゴム農園の祖母のもとに帰っていたことがわかりました。みな、あんなに小さくて、物も言わないラオがバスで何時間もかかる祖母のところまで、よく一人で戻れたものだと驚いていました。どうやら、ココナツの果肉を削るたびに客から受け取っていた小銭を毎日少しずつ自分のポケットに貯め、その金でバスに乗って戻っていったようでした。

この話を聞いて、何と残念なことをしたのだろう、あのままカンダヤ夫妻のところにいたら、ラジャのように衣食住の心配もせず、読み書きも学びながら安心して暮らしていけただろうにと、わたしは残念でなりませんでした。少々、やるせない気持ちでした。

ところが、実はこの話には後日談があります。数年前、ミセス・カンダヤと電話で話をしていたとき、「ところで、ラオという子がいたでしょう。あの子、その後どうなったのかしら?」と聞いてみました。すると、こんな言葉が返ってきました。

「ラオのこと覚えていたの？　あの子ね、ずっと後で大人になってうちを訪ねてきたんだよ。自分は本当にバカだったってあやまりに来たの。今はちゃんとやってるよ、トラックの運転手になってね。まあ、奥さんがしっかり者だからきっと大丈夫だよ」

三〇年後のロガヤとの再会

数年前、息子がその人の前に立ってわたしの写真を見せたとき、小学校で給食婦として働いていたその人の手から食器がすべり落ち、目にはみるみる涙が浮かんだそうです。この女性はロガヤといって、今から三八年も前にマレーシアの村で調査をしていたとき、一年余り住み込んで同居したマレー人家族の長女でした。

マレーシアをガールフレンドと一緒に旅行中だった息子は、その日、「どうしても」と請《こ》われてロガヤの家に泊まりました。村中の人や、電話で連絡を受けてかけつけてきたロガヤの弟や妹たちが集まり、わたしへのお土産をあずかったそうです。

バックパックで旅行していた息子たちは、お土産が入った大きな袋を移動のたびに引きずるようにして、オランダまで持ち帰ってくれました。それを手渡しながら「ママ、マレーシアに行くべきだよ、みんなママのことを待っているよ」と言いました。翌年、わたしは夫と二人で、かつて村の人たちと共に暮らしていたトレンガヌ州北部、ケランタン州との州境に近いベスット郡にあるその村を再訪しました。

わたしがその村に住んでいたころ、当時一七歳だったロガヤは、なまりの強い方言しか話さない村人たちとわたしの間に立って、わたしのつたない、けれども一応は標準語のマレー語で話す質問を方言に通訳してくれました。

その村は、ちょうどそのころ首相になったばかりのマハティールが率いていた、どちらかというと穏健でリベラルな与党と、それに反対して、急進的にイスラム優先主義を求めていた野党の支持者とで、三〇〇戸余りの世帯が、真っ二つに分かれていました。

わたしは、その村で、なぜそのように村の中に対立が生まれていったのか、村社会の権力構造を調べていました。当然、村に住み込むのが一番良いのですが、与党の支持者の家に入れば、野党支持者は警戒して話をしてくれません。いろいろな人に相談し、やっと部屋を借りられることになったのが、野党を支持していたロガヤの両親の家でした。

部屋といっても、立ち上がって手を伸ばせば手が届く高さの、日中は日光で焼けるほど熱くなるトタン屋根と、入口に粗末なカーテンがひらりとかかっているだけの板敷の部屋でした。トイレはないので裏の林に行くよりほかなく、毎日の水浴びは、裏庭の椰子の木陰で井戸水をくみ、サロンをまとったまま頭からかぶるという暮らしでした。

ロガヤの母親は温かい人で、妹や弟たちもすぐにわたしになついてくれました。ただ、父親のハッサンだけは、どうしても好きになれませんでした。村人たちは、まだ自給自足に近い生活をしており、実際、熱帯雨林のこの地帯では、林のそばに家を建てていれば、少しの米づくりと家畜、家の周囲に実る果実や菜園の野菜で食べていけました。

しかし、マハティール首相が進める近代化政策で、貨幣経済が急速に浸透し始めていました。元はといえば、村の分裂も、政府が支給する補助金の不公平な配分が引き起こしていたものでした。そんな中、ハッサンは無認可で自家用車に人を乗せては運ぶ、いわば白タク業で小銭を稼いでいました。貨幣経済が入り、村にも徐々に電気が敷設され始め、少々の金がなければ、みんなと同じようには生きていけない状況が生まれつつありました。与党を支持する兄弟や村長のところには補助金が流れてきますが、何かのきっかけでその人たちに反対すれば、補助金ももらえない。そんな中でイスラム教の教えは権力に抵抗するために使われ、政治的イデオロギーに結びついていくのでした。

原理主義者たちの言い分や宗教の話だけ聞いていれば「清貧《せいひん》」に甘んじて権力に抵抗しているかに聞こえます。しかし貨幣は人の心を薄汚くします。細かいことでもいちいち金を要求してくるハッサンのことが、わたしはどうしても好きになれなかったのです。豊かな国で何不自由なく育ったわたしが、そんなことを言える立場にないことはわかっていました。わたしが支払う部屋代が、当時の家族にとっては結構な魅力であることも知っていました。

ロガヤは、その村を離れる前の晩、寝ているわたしのそばでひと晩中かけて長い手紙を書いてくれました。一七歳から一九歳までの多感な時期に、わたしと共に暮らし姉のように慕ってくれていました。わたしもその後、ケニアに行ってからもよく手紙を書きました。

ところがある日、ケニアにいたわたしにロガヤから手紙が届き、最後に「お父さんが新しく車を買いたいと言っているんだけど、お金を貸してもらえないだろうか」と書かれていたのです。わたしはこの一節を読んで返事が書けなくなりました。

人にお金を貸すほどの力がなかったのは当然ですが、それ以上にロガヤとの姉妹のような信頼関係に、金銭の貸し借りの話がすべり込んできたのが残念でした。それっきり三〇年以上の年月が流れていました。

息子がマレーシアに行ったのはそんなときです。わたしの話を聞いてロガヤを探し出してくれたのです。わたしたち夫婦がロガヤの村を訪れたとき、村中の人たちがまた、わたしたちのために集まってくれました。マレー語を忘れてしまったわたしの英語を通訳してくれたのは、大学で土木工学を学んでいるというロガヤの娘、ジーアインでした。

厳しい自然と人間の限界

日本から、香港とインドを経由してナイロビ空港に着いたのは夜明け前。空港から市内のホテルに向かう途中、ようやく朝日が昇り始めた空に、キリンの長い首の影が数本見えました。ホテルに着くころには朝日も昇り、そばの街路樹のジャカランダは満開の桜のように紫色の花を咲き誇らせていました。夫との新婚生活の始まりです。

わたしたちの新居は、ナイロビから車で一〇時間、あちこちに穴の開いた舗装道路とホコリだらけの道を四輪駆動車で北西に向かって走った、ウガンダとの国境に近いカティルというところにありました。

途中、フラミンゴで有名なナクル湖に立ち寄り二晩ロッジで過ごしましたが、ナクルを出た後は景色の中から集落も人家も見えなくなり、見渡す限り広大な荒野が広がるばかりです。キタレという田舎町で日用必需品とプロパンガス二瓶を買い求め、それからカティルまでは、脇道ひとつない一本道をひたすら走り続けました。行き交う車もありません。三時間ほどして、初めて左折できる道がありました。それがカティルの集落に向かう道でした。日はすでに落ち、車のヘッドライトだけが頼りでしたが、見ると左折して入った道の端に数えきれないほどの人が地面に座っていました。

夫が赴任したのは、トゥルカナ人という遊牧民の定住化プロジェクトのため。旱魃《かんばつ》で家畜を失い、自らも飢えと隣り合わせのトゥルカナ人たちに、雨季に水嵩《みずかさ》が増すタークウェル川の水を灌漑《かんがい》用水路で引き、農業を教えて定住化させるという、気が遠くなるようなプロジェクトでした。そこに、およそ一万二千人のトゥルカナ人が住みついていたのです。夕闇の中で車のヘッドライトが照らし出したのは、夕涼みでもしているらしい、このトゥルカナ人たちでした。

このプロジェクトは、さまざまな意味で矛盾を抱えていました。まず、雨季の始まる時期も降水量も予測できないことでした。トゥルカナの女性たちは、わずかな水場を求め、ラクダを連れて長い道のりを往復したり、川底の砂を掘って地下水を汲んで喉の渇きをしのぎます。カラカラに乾ききった大地で、彼らの栄養源といえば、定住後もまだ飼い続けている山羊の乳からつくられる加工品と血液でした。飼っているヤギの頸動脈《けいどうみゃく》をナイフで切り、滴り落ちる血液を飲料にするのです。まだ降らないのかと天を仰いで雨を待つ乾季の終わりには、トゥルカナ人たちは、みな、しだいに痩《や》せ細ってきます。

最大の矛盾は、旱魃の犠牲者である遊牧民らが、灌漑用水路を使って綿などの換金作物をつくらされていたことでした。もともと一九六六年に始まったこのプロジェクトは、ノルウェーが資金援助し、食物を栽培するための種子も無料で提供していました。しかし、ケニアには政府の影響力が強い農業協同組合があり、政府はこの協同組合を通して換金作物の種を貸しつけ、栽培して作物が売れたときにその借金を返すという仕組みをつくっていました。

対外貿易のためにケニア政府が金に換えられる作物の栽培を望んだのも無理はないのですが、いつ雨が降るかもわからず、また一度降り始めると川が氾濫《はんらん》してしまうこともある環境では、毎年の収穫は不確実で、人々は協同組合からの借金が返済できなくなるのです。結局、負債が重なれば食物だけをのんびりつくってはいられなくなり、借金をして換金作物をつくるという悪循環がありました。

しかも、技術が進んだ西洋がもたらす農業では機械を使います。機械が故障すると部品が簡単には手に入らないのです。さらに問題は遊牧民の生活習慣でした。農業だけで生きていけるという見通しが立たないため、遊牧民は定住してからも山羊やラクダなどの家畜を飼って暮らしていました。山羊は、生えている草を根こそぎ食べてしまいます。ただでさえ緑の少ない大地は、ますます砂漠化していきます。

結局、約一五年間続いたこのプロジェクトはノルウェーの資金が一九八一年に打ち切りとなり、夫はその後始末を請け負った国連農業食糧機構の職員として赴任したのです。しかし、プロジェクトの矛盾や失敗は明らかでした。結局、わたしたちがトゥルカナを去った後、遊牧民には家畜を無料で配布し、元の遊牧生活に戻るのが最も論理的だ、という結論になったと聞いています。トゥルカナでの暮らしは、自然の厳しさと人間の限界をまざまざと見せつけられた経験でした。

人気《ひとけ》のほとんど感じられない一本道を片道三時間かけてキタレの町まで買い出しにいくと、帰り道に毛布のような布一枚をまとい、二メートルはあろうかと思われる長い槍を肩に担ぎ、その先端に木製の枕を引っかけて、たった一人で夕暮れの一本道を歩いているトゥルカナ人を見かけたことがあります。

どこから来たのか、また、どこに向かっているのか、近くには街らしい街はありません。静寂の大地が広がっているだけです。灌漑プロジェクトの指導者がトゥルカナ人を屋外に集めて話をしているとき、雲ひとつなく晴れた天をにらむように槍を突き上げて意見をいうトゥルカナ人の姿もありました。なぜか「尊厳」という言葉が脳裏に浮かびました。

政情不安を生きのびる

アイロンをかけている手元のシャツに大きな涙の滴が、ポタリ、ポタリと落ちていました。涙の主はエスタ。五年間すごしたコスタリカでの最後の一年に、家事を手伝いにきてくれていたニカラグア出身の四〇代半ばの女性です。外見は、ウーピー・ゴールドバークそのもの。わたしよりも頭一つ身長が高く、体格も良いエスタは、いつもは、とても快活でユーモアに満ちた明るい人でした。その彼女が、その日は涙をこらえることができませんでした。

ケニアから戻り、オランダで長男を産んだ後、わたしたちは中米のコスタリカに行きました。三年後、コスタリカで長女を出産し、最後の一年を首都サンホセの郊外で暮らしました。はじめに四年間暮らしたのは、トリアルバというサンホセから大西洋側の海浜地リモンへ抜ける途中にある街で、トリアルバもサンホセも、年間を通して気温は二五度前後、緑が豊かでトゥカンなどの美しい鳥や小動物が多く、小さな子どもを育てるにはもってこいの場所でした。何よりも軍隊を廃止していた中立国で、軍事費の支出が要らない分、中米地域の中でも飛び抜けて教育や医療などの公共施策が優れており、安心して暮らせます。アメリカ合衆国の裏庭といわれていた中米諸国の政情は、この時期とても不安定で、コスタリカが非軍事国であったのは、ことのほか重要でした。

一九八五年といえば、まだドイツを東西に隔てる壁がそびえ立っていた時期、つまり、資本主義のアメリカ合衆国と共産主義のソビエト連邦の間に続いていた冷戦の末期にあたります。キューバの共産政権はよく知られていますが、中米もまた、キューバの影響を受けた共産主義者たちが武装闘争を行う不安定な地域で、アメリカ合衆国は中米諸国の共産化を避けるために、各所に傀儡《かいらい》政権をつくり、企業を進出させ、バナナ、パイナップル、コーヒーなど、現地の安い労働力を使って、ときには働く人に有害な農薬を散布してでも大量生産をうながしていました。

そんな中、コスタリカの隣国ニカラグアでは、サンディニスタ政党が共産主義政権を樹立させており、一九八五年にはダニエル・オルテガというカリスマ性の強い政治家が大統領に就任していました。もともと、一九六一年のキューバ革命の影響を受けて、アメリカの傀儡政権だったソモサ独裁政権に対して武装闘争をしてきたサンディニスタ民族解放戦線という武装団体が母体の政党でした。一九七九年に有名なニカラグア革命を成功させて政権をにぎったものの、以後、ニカラグア国内ではソモサ政権の残党が集まった「コントラ」と呼ばれる右派ゲリラが、アメリカ合衆国の軍事援助を受けながら武装闘争を繰り返しており、サンディニスタ政権との間でニカラグア内戦が続いていたのでした。

ユナイテッド・フルーツ社に代表されるアメリカ資本のバナナプランテーションで有名なホンデュラスにもその影響はおよんでいました。ホンデュラスにはサンディニスタに対抗する「コントラ」の拠点があったからです。

幸い、コスタリカは非武装国だったのでこうした武装対立に深く巻き込まれずに済んでいました。一九八六年に大統領となったオスカー・アリアスは一九八七年に中米和平合意の成立に貢献し、ノーベル賞を受賞しています。

そういう中米の事情ぬきにして、エスタの涙の理由は説明できません。

ニカラグアと国境を接していたコスタリカには、内戦に疲れ、仕事を失った人々が、職と安定を求めて国境を越えてきていました。エスタもその一人です。ニカラグアでは食堂を経営していたというだけあって料理が上手でした。スペイン語だけでなく、きれいな英語も話せ、立ち居振る舞いには品があり、本国にいれば家政婦などする人ではなかったと思います。

コスタリカに来て以来、何軒かの家で家政婦をしていました。うちに初めて来た日、仕事を終えて自宅に帰る挨拶をしながら、エスタは自分が着ている衣服のポケットを全部引き出し、裏返してわたしに見せようとしました。以前、勤めていた家庭では、エスタが何も盗んでいないか確かめるため、家に帰るときに毎日必ずポケットを裏返して見せていたというのです。

「そんなこと、うちではしなくていいわよ」というわたしに、エスタは次第に心を許していろいろな話をしてくれるようになりました。何年ぶりかにニカラグアの実家に帰ることが決まったとき、エスタは家にあった古着や靴を全部くれといって、大きな袋を何袋もいっぱいにして持って帰りました。

涙の理由は、ニカラグアの家族に託してきた一七歳になる娘が行方不明になったことでした。電話で母親や妹に問いただしても口ごもって答えてくれないというのです。自分で食堂を経営していたほどの人が、わが子を残し、尊厳のかけらも認めない雇い主のもとで働き、仕送りをしてきたのです。娘は、数日後に首都マナグアで知り合いに発見されました。妊娠して祖母や叔母に叱られ、家を出ていたのでした。エスタは、娘が見つかったことを心から喜び、翌年、孫に会いにいきました。

抑圧の下で生きるボリビアの先住民たち

ボリビアで暮らしていたころ、ある日、戸口に若い男性が現れ「庭師としてやとってもらえないか」と言いました。戸口にはいろいろな人がやってきてベルを鳴らし、物を売ったり金銭を要求したりします。ちょうど、しばらく前までいた年老いた庭師がやめたばかりだったので、さっそく来てもらうことにしました。中産階級がほとんどいない当時のボリビアは、少数の白人系の上層階級と、大多数の先住民が二つの社会をつくっている国でした。わたしたちのような外国からの専門家や駐在員は、上層の人たちの家を借りて住むよりほかなく、そうした限られた区域にある住宅街では、ところどころに立っている電話ボックスのような小屋から、警備員が不審者ににらみをきかせていました。

そんな風でしたから、戸口に現れた人を見境いなく家に入れたり雇ったりはできないのですが、その青年は、相手の目を見てきちんと話すし、よく聞いてみると「大学の農学部で勉強していたけれど生活費がなく中退した。とにかく仕事をさせてくれないか」と言うのです。

フェリペという青年は、ボリビアのチチカカ湖畔の先住民の村の出身でした。大学に二年間通っていたというだけあって、植物のこともよく知っていました。時間通りにやってきて、真面目に仕事をして、子どもたちともよく遊んでくれました。

そんなフェリペがある日、なんの断りもなく仕事を休みました。翌日も翌々日も連絡がありませんでした。数日後、戸口に現れたフェリペはひどく沈んだ表情で、ものも言わずに仕事を始めました。休んだ理由を聞いてみて、フェリペの説明に驚きました。

フェリペが暮らしていたのは、わたしたちと同じラパスというボリビアの政府所在地です。でも、わたしたちが暮らしていたのは、すり鉢のように窪んだラパスの街のずっと下のほう、フェリペたちが暮らしていたのは、そのすり鉢の淵《ふち》にあたるエル・アルトという地区で、そこは、電気や水道の設備も乏しく、地方から都会に仕事を求めてやってきた人たちが集まるスラムのような所でした。

フェリペは、そのエル・アルトの住まいからバスでわたしたちの家に向かっていました。人口過密のエル・アルトでは、バスの停留所付近も大混雑しています。満員の乗客を乗せた運転手は、停留所から少し離れたところに停車し警察官に注意されました。運転手がそれに口答えして言い争いになったのです。乗客たちは、運転手をかばって警察官に抗議をしました。怒った警察官は乗客全員を下ろし、そのまま留置所に送ったというのです。

フェリペも乗客の一人でした。留置所には、家族がきて警備員に幾らかの金を渡すと解放してもらえる人もいました。家族が近くにおらず、迎えにくる人もいないフェリペは、そのまま拘留され、四日目に選挙運動で知り合った友人が訪ねてくるまで留置所から出られなかったのです。フェリペもバスの運転手も権威を振りかざした警察官も、金銭を受け取っていた留置所の警備員も、みな、ボリビアの先住民です。

フェリペが通っていた大学は、ラパス市内にある国立大学でした。授業料は安く、高校卒業資格を取れば入学できます。学生たちのほとんどは先住民の出身。白人系の上層家庭の子どもたちは市内の授業料の高いドイツ学校、フランス学校などに行ってヨーロッパの大学に行くか、アメリカンスクールからアメリカ合衆国の大学に進みエリートになります。

その大学で、わたしも半年だけ社会学の授業をしました。もともと自分が講義をするなど思ってもいなかったのですが「授業を聴講させてもらえないか」と頼みに行った社会学科の学科長が、わたしの経歴を見て「あなたに授業をしてもらえないか」と逆に頼まれたのです。実際、社会学科だというのに社会学の専門家はいませんでした。学科長自身、図書館学の専門家でした。いろいろと考えた末「それでは、スペイン語に自信がないので、毎回、講義の前にわたしが書いたスペイン語の講義ノートを見て訂正してくれますか。それでよければ」と言いました。学科長は「喜んで」と言い、毎週わたしが持っていくノートを細かく見直しスペイン語を訂正してくれました。

でも働いてみて、その大学になぜ専門の研究者がいないのかがよくわかりました。まず給与が極端に低く、兼業でもしなければ多分、普通に生活するのは難しいだろうと思えるほどだったのです。実際に兼業している講師が多く休講も頻繁でした。しかも、全入制なので学生数は多く、マンモス講義ばかりで大学の中はごった返していました。施設や設備も貧しく、研究費もほとんどない状態でした。わたしが半年間指導した大学院生たちは、ほとんどが先住民の出身で、とても真剣で、学ぶ意欲の大きな学生ばかりでしたが、講義は予定通り開かれず、専門家の不足にいつも不満を感じていました。

中南米の国々はかつて、スペインやポルトガルに征服されていました。もともとこれらの国に住んでいた人々は、カトリックへの改宗を迫られ、資源豊かな土地を奪われていった先住民です。そしてその末裔《まつえい》は、独立して何十年も経った今も、まだ貧困の中にあり、知からも遠ざけられ、まさしく目には見えない抑圧の下で、ときにお互いから奪い合い、お互いを苦しめ合って暮らしていたのでした。

第三章
アメリカンスクールでの子育て奮闘記

入学第一週目で怒り大爆発！

月曜日に初めてアメリカンスクールの一年生になったばかりの長男は、金曜日の午後、学校から帰ってくると、とても悲しそうな顔をして一枚の紙をわたしに手渡しました。ボリビアのアメリカンスクールでのことです。

その紙には、右上に息子の名前が書かれていて、大きな表の横上の欄には月曜日から金曜日までの曜日が、縦の左の欄にはコーナーの名前が書かれていました。読書コーナーや算数コーナーなど五種類ほどのコーナーがありました。つまり、どの曜日にもすべてのコーナーに行って、そこで与えられている課題をこなさなければいけないということらしいのです。今から思うと多分、ダルトン教育の影響ではないかと思います。子どもたちが主体的に自分で順番や一日の時間をふり分けながら、時間内に課題をこなしていくことが目的だったようです。自分のテンポに合わせて学べる上、課題を達成する責任意識も育つというわけです。

問題は息子が手渡してくれた紙の、どの欄にも全部、例外なく、悲しい顔のマークが赤ペンで記入されていたことでした。口の両端を上げたニッコリマークではなく、口がへの字に曲がった表情のマークがすべての欄を埋めつくしていました。これには、さすがのわたしも驚きました。息子が「できなかった」からではなく、小学校に入学して第一週目だというのに、平気でこんな口をへの字に曲げた悲しい表情のマークで紙を埋めつくした先生に腹が立ったのです。

幸い、その翌週、新一年生の保護者が学校に招かれ、説明会が開かれました。新一年生のクラスは四クラスあり、息子のクラス担任は、長くボリビアに住んでいる四〇才くらいのアメリカ人女性で、少し権威的な雰囲気の人でした。説明していたのは、学年主任のドノヒュー先生という女性でした。話を聞いていると、このダルトン教育風の授業についてもドノヒュー先生が主導しているらしく、趣旨をわかりやすく説明してくれました。担任の先生と比べると、どうやら教育学もきちんと学び、新教育のこともよく理解しているように感じられました。

説明が終わり、質疑の時間になって、内心、アメリカ人ばかりの会場で英語で質問をするのは少し気が引けたのですが、そこは母親、わが子のこととなると「自分が守らなくて誰が守る⁉」という気になるものです。思いきって手をあげ、立ち上がって質問しました。

そのときは怒りで気持ちが煮えたぎっていましたから、質問というよりも「意見」といったほうが正しかったかもしれません。

「うちの息子は先週の金曜日、口をへの字に曲げたマークで埋めつくされた紙を持って帰り、とても悲しそうにしていました。もう学校には行きたくないとさえ言っています。入学して第一週目で、やったこともないコーナーでの勉強の仕方がわからなかったのだと思います。でも今、話を聞いてみるとこのやり方は、子どもの主体性や責任感を引き出し、自分のテンポで学べることに意義があるのだと理解しました。それは、そもそも一人ひとりの子の個性を尊重しているからなのでしょう。それならば、なぜ、入学して第一週目に、学校に行くのが嫌になるような評価をするのですか？　できたことに対してにっこりマークを入れるのはかまいませんが、できなかったところに口をへの字に曲げたマークを入れることにどんな意味があるのでしょうか？　うちの子は決して器用ではないし、物事を早く済ませることもできません。靴ひもを結ぶのにも時間がかかりますが、だからといってその間、何も考えていないわけではないのです！」

かわいそうに、担任の先生は少し戸惑っていました。しかし、そばにいた学年主任のドノヒュー先生はわたしの意見を聞きながらパッと明るい表情になり、いちいちうなずいて

いました。そして、わたしが話し終えると、

「本当におっしゃる通りです。への字の顔を書くなんて意味がないことです」

と賛同してくれました。

興味深かったのは、会が終了したとき三、四人のお母さんがわたしのところに駆けよってきて「本当によく言ってくれた」と感謝してくれたことでした。どのお母さんも自分の子どもが同じ目にあっていたのです。ドノヒュー先生は「二度とこんなことが起きないようにしますから」と約束してくれ、実際、二度と同じことは起きませんでした。

息子が二年生になったとき、ドノヒュー先生はわざわざ自分のクラスに入れて、とても気にかけてくれました。息子と同じ名前の「アルバート」という表題の絵本を持ってきて貸してくれたこともありました。その本には、アルバート・アインシュタインの子ども時代のことが書かれていて、アインシュタインは「学校ではいつもぼんやりしていている子だった」というお話でした。もちろん、うちのアルバートはアインシュタインのような立派な人にはなりませんでしたけれど……。いやいや、人生は長いですからまだわかりません。当たり前ですが、親はそれくらい自分の子がかわいいものだということを、実際、子どもを持って初めてよくわかりました。

子どもが学校で学ぶのは我慢？

わが子がかわいいのは母親だけではありません。父親も負けないくらいわが子がかわいくて仕方がないのかもしれません。それは、どの国の父親も同じです。夫にもそんなエピソードがあります。同時に、学校というところが子どもにとってどんな意味を持つのか、オランダ人がどう考えているのかを知る良い機会になったできごとでもありました。

息子は、一年生のときは少々苦労しながらも、次第に同じおっとりタイプの男の子たちと仲よくなってなんとか過ごし、二年生ではドノヒュー先生に目をかけてもらい、三年生のクラスではアメリカ人やカナダ人、それにスウェーデン人の友だち数人とやんちゃ仲間をつくり、毎日学校から帰ってくると、すぐに友だちの家に行ったり、友だちが遊びにきたり、何か新しい遊びを生み出しては夕暮れまで遊び続けるという、けっこう楽しそうな日々を送っていました。担任の先生は、アメリカからやってきた若い独身の男性で、毎日おもしろい歌を教えてくれたり、授業の中に遊びの要素をふんだんに取り入れるなどして、特に男の子に人気の先生でした。

ところが、一学期の終わりの保護者懇談会で、予期していなかったことが起きました。その先生は、日記帳のような分厚いノートをおもむろに開き、

「どうもアルバートは落ち着きがないんです。授業中に、しょっちゅうトイレに行くんですよ」

といって、そのノートの中に、アルバートがトイレに行くたびに記した小さなオレンジ色の丸印が並んでいるのを見せてくれました。

わたしはこの話を聞いて、少し心配になりました。

そんなに毎時間トイレに行くなんて、家では気づかなかったけど何か心配事でもあるのだろうか、学校で緊張でもしているのだろうかなど、あれこれと思いをめぐらしました。しかし特に沈んでいる様子もないし、思い当たることがありません。心配しながら、夫が帰ってくると、すぐにその話をしました。

すると夫は、いきなり、

「その先生は何を言ってるんだ！　トイレに行きたくなるのは生理現象じゃないか。それを、行ってはいけないとか、行く回数が多すぎるなんて、トイレに行くのを我慢させてどうするんだ」と本気で怒ったのです。

学校には校則があり、それを守るのは当然と思ってきたわたしには、授業中にトイレに行っている息子のほうが悪いと思っていたし、なぜ休み時間まで我慢できないんだろうとも思っていただけに、本気で怒っている夫に、逆にびっくりしてしまいました。

「もう一度、担任に会ってよく話してきたほうがいい」

と言われたものの、どうもその話だけのためにまた面会の約束をしてわざわざ出かけていくのもためらわれました。仕方なく、そのうち落ち着いてくるだろうと願いながら、そのときは、それ以上何もしませんでした。そして実際、しばらくするとそんなことは自然になくなってしまいました。

数年後、オランダに戻り、子どもたちがオランダの学校に行くようになって、このときの謎が解けました。なぜ夫があんなに怒っていたのかがわかったのです。

オランダの学校では、授業中に生徒が席を立ってトイレに行くのを教師たちはとがめません。何か説明しているときなど、よほどのことがない限り、子どもたちは行きたいときにさっさと席を立ってトイレに行っています。大抵のクラスには、そのクラスの子どもたち専用のトイレがあり、小さい子どもたちの教室には、入り口に男の子用と女の子用の首飾りや、首にかける絵札のようなものがかけてあって、誰かがトイレに行くときには、それを首にかけていきます。そうするとほかの子どもたちにも、今トイレが使用中かどうか、すぐにわかります。

なるほど、だから夫は、懇談会でトイレに行く回数が頻繁《ひんぱん》だということを話題にした教師に怒ったんだとわかりました。もっとも、あとでふり返ると、そのときの先生も、頻繁にトイレに行く息子の体調を心配して、親のわたしに知らせてくれただけだったのかもしれませんが。

ただ、この小さなできごとと、そのときの夫の対応は、その後、学校の校則や子どもたちの快適な環境づくりを考えるときに、いつも思い出すこととなりました。夫の言葉を通して、学校が子どもたちに必要以上に「不快感」を「我慢」させる場になってはいないか、と考えるようになりました。

静かな場所で本を読みたいのに、教室でうるさい子の隣で本を読まなければいけない。もっとリラックスする時間があれば学習に集中できるのに、授業中は席に縛りつけられている。炎天下なのに運動場で校長先生の訓話を聞かされる。お喋りをしながらでも掃除はできるのにひと言も口をきいてはいけないと言われる……。学校は「我慢が大事」という言いわけで、子どもたちに理由なく不快感を与えているのではないかと……。

一〇〇パーセント教員の自由裁量

息子より三歳年下の娘は小学校二年生に進学してからも、しばらくの間、下校時になると、前年通っていた一年生の教室に走っていっていました。前年の担任だったルメーア先生にハグしてもらうためです。ルメーア先生は、ご主人に連れ添ってボリビアにやってきたばかり。若く溌剌《はつらつ》とした先生でした。毎朝、子どもたちが登校してくると、入り口で一人ひとりの子どもにギュッとハグ。そして、下校時には再び「また明日ね」と言いながらハグをして、子どもが迎えにきている保護者のもとに行くまで見届けていました。

授業中に気分が落ち込んでいたり、悲しそうな様子の子どもを自分のほうに引き寄せてハグする先生はいても、毎日必ず登下校の挨拶と一緒に、子どもたちにハグする先生はほかにはいませんでした。だから、娘や彼女の同級生たちは、二年生になって担任の先生から挨拶と一緒にハグしてもらえないことがもの足りず、下校時にルメーア先生の教室に行ってハグをしてもらうとやっと落ち着いた気分になれたのです。

ルメーア先生の授業には興味深いものがたくさんありました。

特に印象に残っているのは、「著者の日（Authors' day）」です。子どもたちはその日がくるまで、数週間にわたって本づくりに取り組んでいました。本のタイトルはルメーア先生が決めます。たとえば、「鼻風邪をひいたぞうさん」とか「声が出なくなったキリン」「木に登れないお猿さん」という風に、ちょっとユーモアのあるタイトルです。子どもたちは、ルメーア先生の出すタイトルを聞いて話の筋を考え、絵を描き、作文します。時々つづりの間違いもありますが、スペリングの授業ではないので細かいことは言いません。まだ字がよく書けない子は、話し言葉を先生が文字に起こして絵本にしていきます。一話終えるごとに自分で描いたきれいな表紙をつけて綴じて本にするのです。もちろん、子どもの名前が「著者名」として表紙に記されています。

こうして子どもたちがつくった本が何冊もたまったある日、ルメーア先生から「著者の日」の招待状が親たちのもとに届きました。その日、著者である子どもたちはいつもよりちょっとおしゃれな服を着て学校に行きました。保護者がやってくるまでに、子どもたちは教室の中でそれぞれ一人ずつ分かれて座り、テーブルに自分が書いた数冊の本を積み上げて待っています。保護者は自分の子どもだけでなく、教室内にいるほかの子ども（著者）のテーブルも訪れます。友だちのお父さんやお母さんに褒《ほ》められ、子どもたちは、はにかみながらも誇らしそうにしています。

毎週交代で「わたしポスター」をつくるという活動もありました。自分の家族、自分の好きなものなど、自分についてポスターに写真を貼り、絵を描いて「自分」を紹介します。

理科の授業では「科学者の日」がありました。子どもたちがやった観察や実験、研究の成果を「科学者」になったつもりで発表するのです。ここでも保護者たちが招かれ、子どもたちは講堂のステージに上がって、自分で調べたり学んだりしたことを報告します。素晴らしかったのは、発表の前に子どもたちを自分の周りに集めて床に座らせ、緊張をほぐすために話しかけているルメーア先生の言葉でした。

「いいわね、みんな。失敗を恐れないでね。わたしだって何度も失敗したんだから。調べてわかったことを落ち着いて伝えるだけでいいのよ。さあ、行きましょう！」

笑顔を絶やさず、子どもたちを安心させるために注意を払うことも怠りませんでした。

ほかにも、コウモリの行動を学ぶために子どもたちを輪になって座らせ、一人の子どもに目隠しをして、ほかの子どもがたたく手の音を聞いて動くという活動をやらせてみたり、地殻《ちかく》についてグレープフルーツの皮を剥《む》きながら説明したりと、何か伝えるときに、本や写真ではなく、いつも子どもたちが楽しく理解できる材料や方法を工夫して用意してくる先生でした。

　実際、アメリカンスクールのルメーア先生の教室は、日が暮れた後も遅くまで灯りがついていることが少なくありませんでした。多分、翌日の授業のアイデアを練り、準備していたのだと思います。

　そんなルメーア先生を、一度我が家に招待して、こう聞いてみたことがあります。

「授業の中でどんなアクティビティをするかについて、何か本国で決まったやり方とか、この学校の同学年の担任の先生の間で話し合って決めたりするの？」と。

　すると、ルメーア先生は、すかさずこう答えました。

「一〇〇パーセントわたしの自由よ」

　日本の先生たちに比べて、なんと大きな自由を与えられているのだろうと驚きました。

　ついでに「どうして毎日子どもたちとハグしているの？」とも聞いてみました。

「生徒の中には、性格が難しかったり落ち着きがなかったり、自分がどうしても好きになれない子もいる。でも、そういう子にもハグをして、今日もとにかく終わったとピリオドを打って、新しい気分で翌日にのぞみたいからよ」と彼女は率直に答えました。

保護者を大切にする学校

このアメリカンスクールでは、バレンタインデーには子どもたちが小さなチョコレートを自分の友だちの机に置くという習慣がありました。この学校で初めてのバレンタインデーの日、息子の机にはほんのわずかなチョコレートしか置かれていませんでした。もともと内気だったし、友だちが大勢いるほうではなかったので当然でしたが、母親としてはちょっと気になりました。人気者の子どものところに山のようなチョコレートが集まるって、どんな意味があるんだろう、たくさんチョコレートをもらえない子は自尊心を傷つけられるのではないかと思ったわけです。本当はわが子かわいさに、少々いらだっていただけのことでしたが、いろいろと理屈をつけて、なんと校長先生に電話で面会を申し込んでしまったのです。今思うと、ちょっと赤面ものです。

校長先生はすぐに面会の約束をしてくれ、よく話を聞いてくれました。そして「あなたの言いたいことはよくわかりました」と言って、ひと言の言いわけもせず、いたずらっぽくニコッと笑いました。翌日、息子のテーブルの上にはたくさんのチョコレートが置かれていました。もちろん、この校長先生のしわざだったに違いありません。

こんなことを経験しながら、学校の先生と率直に話せる関係ができていきました。

一般に、校長先生はもとより、学校の教職員と保護者の間には、日本の学校でよくある深い溝は感じられませんでした。保護者が思ったことを率直に冷静に話せば、学校の先生も柔軟に応じてくれるということがよくありました。普段から、校長先生は自分の部屋にとじこもっているのではなく、保護者たちがやってくる登下校時には目につくところにいて気さくに話しかけることができました。そこにいた保護者、特にアメリカ人の保護者にとっては、ごく普通のことだったかもしれませんが、わたしは日本ではあまり見ない光景だなと思っていました。

保護者は、日ごろから学校の行事や授業によく参加しており、学校はコミュニティセンターのような場所であるようにも見えました。

例えば、ハロウィーンのときの衣装づくり。ハロウィーンでは子どもたちはみな仮装して学校に行きます。魔法使いのおばあさんになったり、幽霊になったり、フランケンシュタインになったりするのですが、どの子も、それはみごとな仮装ぶりで、ほかのお母さんたちの衣装づくりのうまさに、慣れないわたしは舌を巻いていました。多分、自分たち自身が小さいころからこういう行事に慣れていて、自分の母親がやってくれていたことの記憶があるのでしょう。クリスマス、収穫感謝祭（Thanks Giving）など、行事があるたび、保護者は舞台設定や衣装づくり、出し物の指導など、いろいろな形で参加し、協力していました。

また、日ごろの学校への協力には、新一年生の教室での本の読み聞かせ、図書室の本の整理、放課後のボーイスカウト・ガールスカウトの活動、水泳指導や水泳大会の世話、スポーツデーの係など多岐にわたっていました。こんな風に保護者が頻繁に学校にやってくるようになると、ほかの保護者と知り合いになり、交流の機会も増えます。保護者と教職員の間にもお喋りする時間が増え、お互いへの警戒心がうすれていきます。

日本のPTAとは少し異なった、保護者が学校理事会に意見を申し立てることができる評議会組織があるのを初めて知ったのも、このアメリカンスクールででした。全校の保護者の中から選ばれた数人が代表となり、学校の運営の仕方や教職員への不服など、保護者の要求をまとめて、学校側と話し合うのです。

わたしは後に、オランダの学校制度にも経営参加評議会という同様の組織があること、この評議会の設置は公立と私立の違いに関わらず、全ての学校に国が法律で義務づけていることを本に書いたことがあります。こういう仕組みは、いつ、何をきっかけにして始まったのかはわかりませんが、ヨーロッパの国々には大抵あるものです。

もちろん、評議員はときには学校に不服を抱いて教職員を厳しく批判することもありますし、学校での何かの事件をきっかけに、評議会と学校とが対立することもあります。しかし、概していえば、学校への不満や苦情を正規のパイプを通して告げることができ、問題が起きたときに保護者の発言権が守られているという仕組みがあるというだけで、保護者は満足するものです。保護者が正規のルートを通して苦情や不満を言うことが法的に保障されていれば、校長や教職員たちは日ごろから保護者とのスムーズな関係づくりに熱心にならざるをえません。本章の最初の見出しで紹介した、新一年生の保護者説明会でもあったように、保護者が何か不服に感じていることがあれば、納得するまで自分の学校の方針や現状について丁寧に説明しようと努力してくれるようになります。学校は、保護者からの苦情に対して、問題が大きくならないうちに、すぐに応じようと努力します。

この様子を見て、学校とは、保護者には口をはさむゆとりも与えない場所なのではなく、子どもの発達についての専門知識を身につけた教職員が、子どもを「保護」する義務を持つ保護者に対して、サービスを提供するところなのだと考えるようになりました。

第四章 オランダという国

わたしが求めているものって何？

「国際結婚ですか？　それは文化が違うから大変でしょうね」と言われることがよくあります。でも行動や習慣の違いは、その背景にある文化を理解すればだんだんとわかって受け入れられるようになるものです。むしろ、自分が当たり前だと思い込んできたものが相手の目には奇妙に見える場合があることを知って興味深く感じることのほうが多かった気がします。もともと、夫もわたしも、結婚前に自分のほうから進んで異文化に身を投じていましたから、相手の性格、人柄、考え方を、できるだけ自分の文化や習慣というフィルターを取りのぞいて見ようという心がけだけはあったと思います。

それに、夫婦というのは、異なる生い立ちをしてきたもの同士が何かの接点を見つけ、それをベースに「共同生活」という船出に乗り出していくもので、相手のやり方で船が片方に傾き過ぎているなと思ったら、自分はそれを少し揺り戻して安定させる、その繰り返しだと思うのです。すれ違いや誤解はあって当たり前、むしろ「同じ文化なのだから」という思い込みのほうが、相手に対する無理解の原因になる場合が多いのではないかとさえ思います。

ただ一つだけ、夫と生活していて今でもなかなか乗り越えられない日本人の習性のようなものが自分の中にこびりついているのを感じることがあります。

夫と出会ったころ、マレー人の家で暮らしていたわたしは、週末に夫とデートをして帰ってくるとき、夫の車でマレー人の家の前まで送ってもらうのは少々気が引けました。イスラム教が男女の自由な交際を禁じていることが気になっていたのです。夫は、そういうわたしの気持ちを知って無理に村まで入ってくるようなことはしませんでしたが「でも、君自身はどうなんだい？　なぜ人に見られたくないの？」と言っていました。

結婚をしてからも、わたしは何かにつけて「どうすべきか、どうあるべきか」と、べき論で考えてきたように思います。つまり、夫の同僚に対して妻はどう行動すべきなのか、母親は子どもにどんな態度でいるべきなのか、長男はどういう人間に育てるべきなのか、娘はどう育てるべきか、そして、自分だけでなく、夫の行動まで、ほとんど無意識のうちに「夫とは、父親とは、こう行動すべきものだ」という期待を持って見てしまうのです。つまり、行動基準が自分の周りで見ている人たちの「期待に応えること」、もっと言ってしまえば、自分が暮らしている社会の人たちが集団として期待している役割行動とはなんなのか、というところに行きついてしまうのです。

そういう場面が起きるたび、夫から「君はどうなんだい？」と聞かれ、「わたしが何を望んでいるかなんてどうでもいいことで、ここにはなんらかの役割や期待感があってそれに応じているだけなのに、それがどうしていけないのだろう」と、何度も考えさせられました。

そして、挙げ句の果てに「日本にはね、本音と建前の使い分けっていうものがあるのよ。それが日本人の精神構造なのよ、そういう本もいっぱいあるのよ」と苦しまぎれの言いわけをすると、夫はハハハと高笑いをして「どうして日本、日本って言わなきゃいけないんだい？　オランダでは、オランダ人の精神構造なんていう本、見たことないよ」と言ったものです。確かに「オランダ人の精神構造」というような本は見たことがありません。

でも、これは少し極論で、実は、夫の親の世代くらいまではオランダにも一般的に受け入れられた行動規範のようなものがありました。それは、ある程度キリスト教倫理に基づいており、たくさんのタブー（社会で暗黙のうちにしてはいけないと認められていること）のある社会だったのです。それが、急速に消えていったのが一九六〇年代後半以降、ちょうど、夫の世代の人たちが中高生だった時代です。

いずれにしても、ある社会の人々が一様に考えている善悪の基準のようなもの、難しい言葉を使えば「社会的規範」というものが、何かの経緯で薄れたり壊れたりしてしまった社会では「わたしは一体何者か？」ということが常に問われ続けます。自分は何をしたくて何をしたくないのか、自分が望んでいるのは何で、それはなぜなのか、という問いを常に問われ続けるのです。しかも、みなが違う考えをするので、人にわかるように説明しなければならない、面倒な社会なのです。「そんなの当たり前でしょ。そう考えるのが普通でしょ」と黙っているわけにはいかないのです。

夫との、そしてオランダ人たちとの生活で、何が一番苦しかったかといえば、文化の違いというよりも、「自分は何ものか」という問いにつきまとわれたことでした。建前やべき論で行動するほうが、本当はずっと楽だし、極端なことを言えば責任も「世間」に転嫁できます。でも、そういう生き方は、常に人の目を気にして生きる生き方です。

日本人は、西洋の社会に行くとなかなか意見が言えず押し黙っているといわれますが、それは、「人前で意見を言うことに慣れていない」というよりも「意見を持つことに慣れていない」のではないでしょうか。この違いは、果たして「文化」の違いなのか、それとも、人間社会の発達段階の違いなのか、と時々立ち止まって考え込むことがあります。

教育をつくる学校と学校を選ぶ親

一九八一年のマレーシアへの渡航を皮切りに、そこで出会った夫と共に彼の赴任先のケニア、コスタリカ、ボリビアに滞在し、結局、アジア・アフリカ・ラテンアメリカの開発途上国に、通算一五年間住みました。その後、一九九六年に夫の祖国であるオランダに住み始めたとき、息子は一一歳で娘は八歳、わたしは四一歳でした。

それまで夫の仕事はいつも二、三年の契約雇用で、次にどこで暮らすのか、今いる国に何年間滞在するのかも見通せない生活でした。ですからオランダで長い見通しを持って暮らせるとなれば、落ち着いて何かを始めるいいチャンスだと思いました。子どもたちにとってもオランダは父親の国。ルーツのある国で親族に囲まれて暮らすことは、子どもの成長にとってもきっと好ましいと考えていました。

とはいえ、一家でオランダに長く住んだことはないし、子どもたちもアメリカンスクール育ち。不安がなかったと言えば嘘になります。初め、わたしはオランダに戻ったら子どもたちはその土地にある公立の学校に行くものと思い込んでいたのですが、引越しの時期が近づいてくると、夫は「子どもたちの学校を選ばなければ」と言うのです。

わたしは「学校を選ぶ？　この人は公立校では満足できないから、私立校でも探すつもりなのかな」と思い、「でも私立校は授業料が高いんじゃないの？」と聞きました。すると夫は「授業料？　そんなもの要らないよ。まあ寄付金はあるかもしれないけど、わずかだろう。高校まではどの学校に行っても子どもの教育費は国が支払うもんだよ。そのために高い税金払ってるんだし」と答えました。

わたしたちは帰国後まもなく夫の実家の近くに家を借りる予定だったので、そこから通いやすい学校として、夫の母校がまず候補にあがりました。ただ子どもたちがそれまでアメリカンスクールに通っていたこと、オランダ語を喋れないことを考えると、やはり少しでもそういう特殊な状況に配慮してくれる学校のほうがいいと思い、夫の母校のほかに、家から通える範囲にある学校をさらに二つ候補として考えました。

公立のダルトン・スクールと私立のモンテッソーリ・スクールが選択肢にあがりました。夫の母校は一九一一年、憲法改正によって「教育の自由」が確立したとき、保護者たちが集まってつくった民間の学校協会が設立した私立校です。ダルトンやモンテッソーリといった、いわゆるオルタナティブ・スクールではありませんでしたが、設立当初から保護者が望む新しいタイプの教育方法を積極的に取り入れてきた学校です。

結局、夫とともに三校それぞれを訪問し、校長先生と懇談した結果、夫の母校に決めました。その前年に経営不振で生徒数が減るという危機が起きており、それをきっかけに立て直しのためにやる気満々の若い校長が着任したばかりで、生徒数がまた増え始めているというのが魅力でした。息子が入る予定だった最終学年のクラスの生徒は一五人、その分、オランダ語ができない息子に十分な配慮をしてもらえそうだったのです。

いずれにしてもオランダに戻ってきて、日本とも、それまで通っていたアメリカンスクールとも違う学校の様子に、わたしは、一体この国の学校制度はどうなっているんだろう、と人に聞いたり、本を探したりして、オランダの学校や教育制度のことを調べ始めました。すると、調べれば調べるほど、驚いたり感心したりすることばかりでした。

まず、オランダには日本の学区制にあたるものがなく、学校を複数の中から選べます。これは、プロテスタントのキリスト教の人たちが、自分たちが行ってきたキリスト教会附属の私立教育を、ナポレオンの支配期にできた公立校と「平等に」扱うように要求して起こした政治議論に端を発しています。

この議論が国会で九〇年間続いた結果、先の憲法改正が行われ学区制がなくなったのです。国は、学校の教育ビジョンが何であるかとか、どんな方法で教えているのかなど一切問わず、公立私立すべての学校に平等な教育費を支給するようになりました。「学校を選べる」ということは「選ばなければならない」ということでもあります。つまり、親は学校教育はどうあるべきかと意識して考えるようになるので、親に選ばれるような学校にするにはどうしたら良いかと学校のほうも親の意向を真剣に考えなければなりません。何しろ学校がどんなに伝統や独自の考えによって方針を貫いていても、親がそっぽを向いてしまえば、国は補助金の支給を停止しますし、廃校措置にならないとも限らないからです。

つまり、この制度では、どの学校も、親が自分の子どものために求めている教育のあり方に敏感にならざるを得ません。親はもちろんさまざまな意見を持っています。学校もまた、教育の専門家としてさまざまな教育のビジョンを持っています。つまり、親と学校の相性があって学校が成り立つのです。

大したシステムだなと、まさしくびっくり仰天でした。そして、日本の公教育は、公教育というより「官教育」だったのかもしれないな、と思うようになりました。

違いを受け入れ、違いを伸ばす学校

日本には「帰国子女」という言葉があります。「帰国子女の受け入れ」「帰国子女の学校選び」など、帰国後の学校転入の際によく耳にします。

帰国前には内心、うちの子どもたちはオランダでも「帰国子女」扱いになるのかなと、少し心配していました。何しろ、家庭では英語とスペイン語を使っていて、オランダ語も日本語もほとんど話せなかったのです。

幸い、二人がアメリカンスクールに通っていたということも、オランダ語が話せないことも、入学相談に行ったどの学校からも一度も渋い顔や迷惑そうな顔をされたことはありませんでした。

「教育の自由」によって、どんな教え方をするかについて国からの縛りがほとんどないため、各学校は、特別のニーズを持つ子どもに対して独自に教育方法を考え採用できます。それに、親は学校を選べるので、ここで「お断り」とか「迷惑」などと保護者に言えば、すぐさま「なんて排他的な学校なんだろう」と評判が落ちかねないのです。

ところで、わたしは一〇年以上にわたって「イエナプラン」について本を書いてきたので、うちの子どもたちは、てっきりイエナプラン・スクールに通っていたものと思い込んでいる人が少なくないらしいのですが、実は、子どもたちが通っていたのは、イエナプラン・スクールではありませんでした。それどころか、何らかの「オルタナティブ教育」を看板に掲げている学校でもない、ごく普通の小学校でした。

でも、後でイエナプランのことを知ってから、この学校で行われていたことをふり返ってみると、先生たちがどれほど意識していたかはわかりませんが、もともとペーターセンが提唱していたやり方を部分的に取り入れていたことがわかります。例えば、話し合いのときには、クラス全員の子どもたちが先生と一緒にサークルをつくってやっていましたし、週の終わりのミニ発表会などは、なんと夫が小学生のときからあったそうです。イエナプランのハートと言われているワールドオリエンテーション（総合的な学習）もやっていました。これは、一九八一年の法律改正以来、国が指定している必須科目になっています。

オランダ語ができなかったうちの子どもたちは、いわゆる「帰国子女」、あるいは「（半分？）外国人子弟」だったわけですが、時々、授業中に教室から連れ出して、廊下の隅や職員室などで個別に指導してくれていました。また、読みの時間には、全校生徒を学年に関わらず、読みのレベルで数人ずつのグループに分け、保護者や祖父母が一人ずつ各グループについて読みの練習をしていました。

そんな風に、一九九〇年代後半のオランダの小学校では、ごく普通の学校でも、子どもたちの個性を尊重し、個別のテンポや状況に合わせた指導を、それぞれ、その学校なりのやり方で取り組んでいました。

個別の違いに応じる体制がこれほど広く実現していた裏には、一九七〇年代の教育改革が影響しています。学年ごとの必修課題をやめ、小学校終了時の目標を「中核目標」としたことで、学校は学年にこだわらず一人ひとりの発達のテンポに合わせられるようになったのです。また、そういうやり方を率先してやってきたイエナプランやモンテッソーリ、ダルトンなどの方法を、ほかの一般校の教員たちが学ぶ機会も増えました。

学校の教職員に現職研修や助言を与える教育アドバイザーたちは、積極的にオルタナティブ教育の手法を取り入れるようになり、新しい教材や方法を研究する研究者や開発する教材会社も出てくるようになりました。

教員養成大学の学生は、一年生のときからさまざまな学校で実習をしますが、一つの実習先で学んだことを別の実習先で使ってみます。そういうことを通して、効果的な手法や教材は、ほかの学校に広がり、さらに発展していくのです。

なぜ、オランダでは帰国子女が辛い思いをせずに済むのか。それは、学校の先生たちがみな「同じ」でなければならないという考えではなく、「違い」を尊重しているからだといえます。人はみな一人ひとり「違って」いて当たり前、「違い」があるから社会が豊かになることを、心から信じているからです。

わが家の子どもたちが通った学校では、毎週金曜日の最後の時間に週末のミニ発表会をしていました。そこで、校長先生は必ず「今週の子」を選び、壇上でみなに披露していました。テストの結果など成績が良かったからというのではなく、それぞれの子どもの努力の結果や良い行為に目を向けて褒めてあげるのです。

娘も一度「今週の子」に選ばれたことがありました。オランダ語の本を初めて一人で上手に読めたというのが理由でした。娘が校長先生に褒められて壇上から降りてきたとき、会場で見ていたわたしが予想もしていなかったことが起こりました。少しはにかみながら嬉しそうな様子で降りてきた娘に、同級生の女の子たちが駆け寄り、ニコニコしながら抱きついてきて、「良かったね、おめでとう」と言ってくれたのです。

何度でもやり直せるオランダ社会

　オランダに住むようになって何年も経ってからですが、日本からの視察団を伴ってある小学校を訪れていたときのことです。女の校長先生がわたしたちを職員室に招き、にこやかに学校の説明をしてくれた後、さあ、これから校内の見学を始めるというときにこう言いました。

「実は、今日はこの学校に特別のゲストが来ているんです。ほら、そこの部屋、あそこに高学年の子どもたちが集まっているでしょ。あの子たちに話をしているあの男性、あの人は殺人を犯した人なの。TBSといって精神障害のある犯罪人を収容する施設があるのだけど、そこにいる人たちは治療を受けながら、時々こうして一般の社会に戻ってくる機会を与えられているので、今日はあの人に来てもらって、子どもたちと話し合ってもらっているんです」

　わたしは、そう聞いて、それこそ息を呑むほど驚きました。穏やかそうな中年の男性が、二〇数名の高学年の子どもたちと一緒に円座になり、実に静かに話をしています。その人の隣の席に若い女性が座っていたので、「あの人は誰？」と聞くと、施設から来ている付添人とのことでした。

そういう人が小学生と話をしていることにも驚きましたが、それを、全く信頼しきって任せ、わたしたち日本人の接待をしている校長先生にも、正直驚きました。

もちろん、こうした精神障害を持つ犯罪人の収容施設は、精神病院と同じように犯罪者たちに薬剤で治療をしています。その男性も薬剤治療を受けていて子どもたちに危険がないことは確認済みだったはずです。以前、テレビのドキュメンタリーで見たことがありますが、同じようにTBSに収容されている殺人犯の患者が、テレビの質問に答えながら「わたしは世の中に出てはいけない人間なんだ。治療しながらここにいないと何をしてしまうかわからない危ない人間だから」とつぶやくように話していたのを思い出します。オランダは、人が生きている限り、どんな人間も排除しない国なのだとつくづく思いました。

排除しないということは、同時に人間とは「学んだり」「変わったり」できるものとして受け入れることでもあります。そういう風にオランダ社会を見ていると、なるほどと思えることがよくあるのです。

例えば、日本では、政治家や官僚が何か失敗するとそのまま辞職となり、公の場面からは完全に退いてしまうことがほとんどだと思います。企業や組織の責任者、校長や教頭なども、会社や組織や学校が何か世間的に大きな問題を起こすと、代表として深々と頭を下げて「責任をとってやめます」となります。確かに多くの人が見ている前で頭を下げることも、責任をとってやめることも、大変勇気や決断のいることだとは思います。しかし、こうした慣習が、逆に、頭さえ下げれば、やめさえすれば「済む」ことにつながってはいないかと、オランダに暮らし始めて考え直すようになりました。

二〇〇〇年五月、オランダ東部のエンスヘデという街で大量の花火が、貯蔵されていた倉庫で爆発し、街の建物がいくつも焼け落ちてしまう大事故がありました。もちろん責任者は誰かという議論もありました。しかし、それよりも、なぜそういう事故が起きたのか、状況調査や規則の不備を見直す議論が活発に行われました。責任者を追求するだけでは物事の解決にはならない、渦中にある責任者もふくめ、事情を分析し、「二度とそういうことが起きないようにする」ことのほうが目的で、責任者探しをしてその人を公的場所から排除してしまうだけでは、事情をオープンに見直し、次の教訓を得ることにはなりません。市民社会では、法や規則はその社会にいる市民の納得の上に成り立っているもので、誰か責任者の違法を追及するだけで済むというわけにはいかないからです。

政治家で失脚する人はオランダにもいます。でも、しばらくするとまた、政治評論家としてインタビューを受けたり新聞に論説を書く、ある場合にはほかの組織の責任者などになってカムバックすることもよくあります。確かに間違った行為をしたことは事実かもしれません。しかし、この人たちが持っている経験・知見は、世の中にとって必ずしもすべてが無用で有害というわけではないでしょう。ましてや人は失敗したことで多くを学ぶものです。

教育制度にもやり直しのチャンスがあります。オランダの学校制度では、進路を変える機会が何度もあります。小学校を終えるときに大学進学コース、高等職業専門学校進学コース、中等職業専門学校進学コースに分かれて中学へと進学しますが、一旦コースが決まっていても、それを終了すれば一つレベルの高いコースに転入することができます。不登校や落ちこぼれなど、一度中途退学しても学校に戻って二四歳までにどれかのコースを修了すれば授業料は無償になります。つまり、不登校や落ちこぼれが人生航路を閉ざしてしまうことはなく、本人がやる気を起こしてもう一度チャレンジすれば門戸はまた開かれる、つまり本当に人材を無駄にしない仕組みなのです。

それにやり直しが可能であれば、人は失敗を恐れず、思いきり物事に取り組めます。

社会がみんなで子どもを育てる

オランダに住み始めてみて、養子を育てている人が多いのに驚きました。ショッピングセンターなどで、肌の白いオランダ人のお母さんと、肌が褐色だったり、顔立ちがアジア人だったりする子が一緒に買い物している姿を、割合によく見かけるのです。こちらの親戚にもコロンビア人の姉と弟、さらにインドネシアの子と、三人の子を養子にして育てている夫婦がいます。

学校訪問で知り合った校長先生の中にも、実子が二人と養子が二人、合わせて四人の子を育てている人がいましたし、教員養成大学の先生の中に、韓国人の養女がいると言っていた人もいました。

自分のルーツを尋ねるというテレビ番組がありますが、毎週のようにオランダ人の両親に養子として育てられた子どもたちが、生みの親を探し、会いにいくというシーンが繰り返されます。

娘の高校時代の同級生で、オランダ人のお母さんとルクセンブルグ人のお父さんの間に生まれた子は、両親の離婚後、海外出張の多いお父さんの代わりにオランダにいる叔母さんのもとで生活していました。その子の親友は、両親はロシア人でしたが、幼いころオランダ人夫婦に引き取られた子でした。どちらも屈託なく、明るい子たちでした。

オランダは、同性愛者の婚姻を世界で初めて認めた国として有名ですが、同性愛者同士のカップルも法律で養子縁組を結ぶことが認められています。

それくらい、オランダには、生みの親ではない養父母のもとで育っている子どもたちがたくさんいます。児童虐待や家庭内暴力などの犠牲になった子どもや心身の疾患で育児能力を失った親の子どもを、早く安全な場所に連れていく仕組みがしっかりしており、そういう子どもたちの里親制度もあるし、進んで里親になる人も多くいるように思います。

オランダでこんなに養子が多いのは、一般的に子どもに対する人権意識が強いからなのでしょう。しかし、それ以上に、子どもを育てやすい環境、つまり、親だけが頑張らなくても、国が子どもの健全な成長を保証しているからだと思います。

全員加入義務のある保険で出産児の医療費は全額支払われます。出産費用のほかに、産後一週間の在宅看護の費用も支払われ、父親も産休が取れるので、実家の親に頼らなくても夫婦だけで出産から育児へのスタートを切ることができます。養子の場合も同じで、出産のときと同じように、養子との関係づくりのために産休と同じ有給休暇を取ることができる仕組みがあります。

保育料は安くはありませんが、共稼ぎで収入が低い家庭には補助金が出るので安心して保育施設を利用できます。

四歳で小学校に入学すると中等教育（中学と高校）を終了して資格を取るまでは、自分で選んだ学校が公立校であれ私立校であれ、一様に無償です。

国内のすべての大学のすべての学部で授業料は一律、日本円にして年間二〇万円を超えることはありません。奨学金は、二〇〇八年のユーロ危機以降、以前はなかった返済義務がつくようにはなりましたが、全員申請して受給できます。

障害児の場合はどうでしょう。わたしには、重い自閉症のある子どもを持つ日本人の友人がいます。小さいころは自宅で育てていましたが、妹が生まれ、身体が大きくなるに連れ、家庭内でも事故が起きるなど、ケアが困難になっていました。結局、六歳くらいのころ、ソーシャルワーカーの勧めで施設に入居して生活するようになりました。母親だったわたしの友人は「日本だったらとても考えられない。今まではバケーションに連れて行っても休めなかったけど、今はバケーションにも行けるようになった」と言っていました。もちろん、彼女がこの子の面倒を放棄したということではありません。むしろ、家族だけが負担を負わなくてもよいという意識が社会全体にあり、母親も父親もほっとする時間を持てるということです。つまり、親も人として人生を楽しむ権利を持っていることを周囲の人たちが認めているのです。

このように子育てに関して、親が一人でストレスを抱えて頑張らなくてもよい環境、社会全体が、子どもたちをみんなで一緒に育てる仕組みがあるのです。

子どもが一八歳になると、銀行がわざわざ「これからは、あなたの口座はあなた自身が管理するのですよ」と手紙を送ってきます。一八歳になったら、親の経済状態に関わらず、自立して生活することが期待されています。就職して自立するための訓練をしている高等教育の就学中は、学生に必要な経費の三分の一を親が負担し、後の三分の一は学生自身、残りの三分の一は国が奨学金として支援するという常識が定着しています。

オランダの学校では、市民性教育の際に「子どもはわたしたち大人の仲間市民だ」と言います。そう言えるのは、現実に、子どもを未来の社会の一員とみなして、社会全体が子どものより良い発達を支える仕組みをつくっているから、また、政治家から名もなき一市民まで、そうやって社会に育てられてきた人たちだからなのです。

啓蒙とは鵜呑みにしないこと

約九〇分にわたって、オランダと日本の歴史教育の違いについて話し終え、壇を降りてくると、会場の真ん中でじっと話に耳を傾けていた白髪の紳士が、まっすぐ近づいてきて、「今のあなたの話で、戦時中の日本兵がなぜあんなに残虐《ざんぎゃく》だったのか、やっと理由がわかった。ありがとう。日本人は啓蒙《けいもう》されていなかったんだね」と言いました。その紳士は、かつて小学校の教師をしていました。そして、それよりもずっと前、まだ子どものとき、第二次世界大戦中にインドネシア（当時の蘭領インド）で日本軍の捕虜収容所に収容されていました。

現在のインドネシアは、一七世紀の初めから第二次世界大戦終戦後四年目に独立するまでオランダの植民地であり、何代にも渡りオランダ人がさまざまな仕事をしながら暮らしていた場所です。現地人と結婚し、オランダ人と現地人との両方の血を引く人たちも少なくありません。しかし一九四二年、日本軍はそこに侵攻し、占領国オランダの人々を強制労働や捕虜収容所に送っています。民間のオランダ人が、突然、自宅から追い出され、家族と離散し、強制労働と不潔な収容所で栄養失調や病気と闘い、ときに日本兵の残虐な行為に恐れ慄《おのの》きながら暮らしたのです。残酷さの度合いは、管理を任されていた日本兵の性格によっても違っていたといわれますし、中には人間味のある待遇をしていた日本兵もいたといいます。また、戦後、植民地からの独立を求めて現地の人々がオランダ人に対して暴動を起こした際には、むしろ敗残兵として残っていた日本兵が、オランダ人たちを守ったという史実も伝えられています。

しかし、わたしがオランダに住み始めたころには、この収容所生活中に幼い年齢で親と生き別れたり死別したりした経験を持つ人、まだ一〇歳にも満たない年齢で亡くなった捕虜の遺体運びをさせられた人、母親が精神不安定になってしまい不安の中で子ども時代を過ごした人などが大勢いました。

息子が通っていた中学でも、収容所体験を持つゲストスピーカーが歴史の授業で経験談を語っていました。そういう人が、日本人の母親を持つ息子が教室にいることを知り、「じゃあ、今日は、少し穏やかに話そう」と言ったと息子が教えてくれたこともありました。

壇上で話をしたのは、そういう日本軍の捕虜収容所生活を経験したオランダ人と、オランダ在住の日本人が、あえて和解を求めて年に一度の交流をしている席でのことでした。

もちろん、こういう話をすれば「悪いのは戦争だ。戦争が起きればそういうことが起きても仕方がない。日本人だって戦時中にどれだけ苦しい思いをしたかわからない」と言う人もいます。実際その通りで、第一章で紹介した芳道・トミ子先生夫妻は、ここで述べている日本軍の犠牲者であるオランダ人とはまさしく逆の例で、満州で何不自由なく生活していたのにロシア兵に襲われ、家を追われて日本に引き揚げてきた人たちです。

植民地支配をしていたオランダが悪いというのならば、中国や朝鮮半島を占領していた日本も同じ罪を負っていることになるでしょう。オランダ、日本のどちらにも、占領のために植民地に行き、蛮行を犯した人もいれば、占領した土地で、市民としての平穏な暮らしを奪われた人もいます。悪いのは植民地支配で市民は悪くないとも言いきれないし、なんと残酷な兵士だとも言いきれない事情が歴史にはあります。でも、今をどう生きるかを、わたしたちは歴史から学び取っていかなければなりません。それは市民としての責任です。

当時、日本では日本の大陸侵略と大陸での蛮行を認める歴史教科書の内容を「自虐史観」と呼ぶ人たちがいて、日本の子どもたちにもっと自分の国を誇りに思う歴史を教えるべきだと「新しい歴史教科書をつくる会」が発足していました。二〇〇一年に教科書検定に合格した「新しい歴史教科書」は、この会の人たちがつくったものです。日本が過去に朝鮮半島や中国に進出し、加害者であったことを記述しないこの教科書が検定で認められたことに対して、一方では強い批判の声をあげている人たちがいました。

　しかし同じ時期に、オランダの学校では、中学生にこんな課題を出していました。

「あなたが、ナチスが支配していた時代のドイツに住む労働者だったと仮定し、なぜそのときナチスを支持したのか、理由を書きなさい」「ナチス時代のドイツに生きていたと仮定して、ナチスのプロパガンダを書きなさい」

　そのとき、わたしは壇上で両国の歴史教育の違いを比較し、オランダでは子どもたちがある時代の状況の中に自分自身を置き換え、なぜ、そういうことが起きたのかを自分の頭で考えさせようとするものであるのに対し、日本では、これまでの歴史教科書と新しい歴史教科書、どちらも歴史家同士が歴史解釈の違いを「自分のほうが正しい」と張り合っているだけで、子どもたちに自分で史実を確かめるために探求させたり、史実の中に自分の身を置き換えて考えさせるものではないということを話しました。

　白髪の老紳士が近づいてきたのは、その話を終えたときだったのです。そのとき、老紳士は「日本人には Verlichting（啓蒙）がなかったんだね」と言いました。Verlichting とは英語では Enlightenment、つまり「光を当てる」という意味です。「蒙《もう》を啓《ひら》く」という難しい言葉よりも、ずっとわかりやすい言葉です。「啓蒙」とは、中世に権勢を誇っていた宗教的指導者や王などの、権威を笠に着て独善的に価値観を押しつけてくる人の言葉を鵜呑みにせず、自分の頭で考えろ、自分の頭に光を当てよ、という意味です。世の中で流行している考え方や、きらびやかな権勢を持つ人の言葉を安易に信じるな、何ごとも「自分はどう思うのか、落ち着いてよく考えてみよ」と言っているのです。

教育が最終的に達成しなければならないのは、「自分の頭で考える力」を子どもたちにつけさせることなのではないか、老紳士の言葉は、以後、オランダの教育のあり方をもっと深く学びたいと思うきっかけになりました。

第五章
わたしが出会った
イエナプランナーたち

真の探究を教えてくれたケース

「サイエンス（科学）の本質とは、できあいの答えを学ぶことではなく、どうやって研究するかを学ぶことなんだ。でも学校で子どもたちはいろいろなことを、ただ誰かが先に見つけたできあいの答えとして学んでいる。子どもたちは、自分の問いから探求することを学ぶ必要があるんだよ。それも、ほかの子どもたちと一緒に研究共同体をつくってね」

これは、わたしがオランダ・イエナプランの師と仰ぐケース・ボット先生の言葉です。イエナプランでは「先生」という言葉を嫌うので、あえて、ケースと呼ぶことにします。

ケースの自宅を訪れたのは二〇〇四年六月、オランダで普及していたイエナプランについて調べ始めたときでした。オランダの学校教育が、アメリカンスクールでの経験にもまして、日本で自分が受けてきた学校とは違う、ときに真逆ともいえるものだったことに驚き、なぜこんなに違うのか、その原因を知りたくて手当たり次第に探究し始めました。

オランダの「教育の自由」が多様な学校を生み、お互い競い合ってより良い教育を生み出すきっかけになっていたことは前章で述べたとおりです。それについての本を二〇〇四年に上梓《じょうし》したあと、一九七〇年代に急速に広がった五つのオルタナティブ教育についても調べ始めました。モンテッソーリ、ダルトン、イエナプラン、フレネ、シュタイナーの五つです。これらオルタナティブ教育の影響は、わが子たちの学校など、一般の学校にも色濃くみられたからです。それぞれの協会にメールで資料を依頼すると、まもなく、どの協会からも大きく分厚い封筒が届きました。学校選びをする親のために平易な言葉で書かれたパンフレットなどの類で、さすがに「学校選択の自由」があるオランダだと感心しました。その中で、イエナプラン協会から送られてきていた資料の中にあった黄色い三つ折りパンフレットの言葉が目に止まりました。

「学校は社会を映し出す鏡でなければならない」

学校の説明としては耳なれない言葉で、すぐには意味がわかりませんでした。読み進めてみると、学校があらゆる背景や特性を持つ子どもを受け入れることで、さまざまな違いを生かす豊かな集団ができる。それがどんな人も排除しない人間と社会を育てることにつながる、と言う意味だとわかりました。

つまり、いろいろな子どもたちが通う学校において、文化的背景や心身の障害を理由に差別しない「インクルーシブ社会」のことです。当時のわたしは、まだこの言葉を知りませんでした。「学校は社会を映し出す鏡であるべき」という言葉は、なぜオランダの学校がこんなにも日本の学校と真逆に感じられるのか、日本の学校に足りないものは何なのかを凝縮しているようでした。

その後、ほかの四つのオルタナティブ教育についても、学校訪問したり、先生方に話を聞いたりしましたが、社会性の発達、とりわけ子ども同士の助け合い、協働を重視している点で、イエナプランが特に目立っていたのです。

早速、オランダ・イエナプラン協会に問い合わせ、当時、研究主任だったケースを紹介してもらい、電話で約束して、ご自宅に伺いました。

最初の面談は、ケースがちょうど聴力を失い始めていたときだったので、筆談でした。わたしがメモ用紙に質問を書くと、少し大きすぎるくらいの声でたくさん答えてくれました。訪問を終えて二時間の道のりを自宅まで戻ってくると、メールボックスには、すでにケースからたくさんの資料が送られてきていました。ケースの家には、その後も数回訪れましたが、しまいには「直子、自分で行って取ってきたらいいよ」と蔵書を勝手に探索させてくれるようになりました。

お父さんを早くに亡くしたケースは、小学生のころ、どの先生からも「役立たずの子」

と言われ続けていたそうです。ケースを一人で育てていたお母さんは、六年生のときの保護者会で校長先生に「どうせまたケースは役立たずという話なんでしょう」と言いました。それを聞いた校長先生は驚き「なぜそんなことを言うんですか」と答え、ケースができることをいくつも挙げてくれたのだそうです。「あれは自分にとって転機だった」というケースは、ですから「イエナプランの魅力は？」と聞くと、「子どもの多様性を受け入れ、子どもたちを屈辱的に扱わないことだ」と即座に答えます。

ケースは、自然と触れ合うことが好きでした。子どものころから窓の外の風景が気になって仕方がなかったのです。小学校の先生になってからも、子どもたちと自然探究をするのが大好きでした。あるとき「オランダの科学教育って、今、どれほどのレベルまで進んでいるのだろう」と考え、自分で調べ始めたのだそうです。

「オランダの大学の理科教育の先生や博物館など、手当たり次第に電話をして聞いてみたんだ。誰か一人に電話をすると、その人がまた誰か次の人を紹介してくれる。次から次に電話をかけていたら、最後は同じ人に戻ってきてね。大体のことはわかった。そのときのオランダの学校で行われていた科学教育の程度がどれくらいなのかってことがね」

ケースは、「理科」とは言わず「サイエンス（科学）教育」と呼びます。彼が言おうとしているのは「科学研究の仕方を教える教育」のことです。「理科の知識を教える教育」ではありません。

「ただね、そういう科学をどうやって学校で教えるのか、教育学的な裏づけがわからなかった。そして、最後に電話をかけたのが、ある論文で名前を知ったスースだった」

こうして、ケースは初めてイエナプランと出会うのです。スースというのは後に「オランダ・イエナプランの母」と呼ばれるようになった人です。スースもまた、当時の科学教育に満足できず、研究に取り組み始めていました。

ケースは、以後、スースの片腕となり、科学教育の授業方法を開発する仕事に取り組み、やがてオランダ・イエナプラン協会の研究主任となり、国立カリキュラム研究所で、国内のほかの研究者らと共に、ワールドオリエンテーションという、オランダの必須科目にも指定されることとなる総合的な探究教育の理論を集大成していきました。

ケースは、かつて受けたインタビューの中で、こんなことを言っています。

「わたしは伝統の大切さを理解しているつもりだが、だからって過去にこだわるのが良いとは思わない。わたしはドグマ（独断的偏見や教条主義）が嫌いだ。物知り顔で人に何かを教えてやろうとする人が大嫌いなんだ。今わかっていると思っているものは、どんなものでも『とりあえずの真理』であって『永久なもの』ではない。もちろん、伝統に従うことがいいときもある。『新しければ何でもかんでもいい』わけでもない。近代にだってネガティブな面はあるからね。かといって郷愁（ノスタルジー）にひたって、昔は良かったというのもおかしい。理想的な共同体など、過去にだってあったためしはないんだから。イエナプランは人と自然、つまり地球を守る運動なんだ。学校の子どもたちを使って社会を変えようって話じゃない。そうじゃなくて、誰にとっても、すべてのことにとって、良い生き方とは何かと考えて行動する人間をつくりたい、っていうことなんだ」

「子どもたちは自立して考えることを学ばなくてはいけない。人が言ったことを反復することだけ学ぶのではなくてね。また独立して考えられるようにならなくてはいけない。そして、お互いに反対意見を言えるようにもならなくてはね。仲間に報告するというプロセスが大事なんだ。探求の最後に結果をみんなと共有して、それに対して批判的な意見を受けること。しかも、それを人から攻撃されていると卑屈になることなくね」

ケースと対話をしながら、わたしの脳裏には、「日本人は啓蒙されていなかったんだね」という、あの老紳士の言葉が鳴り響いていました。日本の理科教育は本当に知識の伝達だけではなく「科学のやり方を子どもたちに教えてきただろうか」とも考えていました。

戦士と差別を生まない学校をめざして

ケースがイエナプランと出会うきっかけとなったスースとは、「オランダ・イエナプランの母」と呼ばれているスース・フロイデンタール（一九〇八―一九八六）のことです。スースは一九三二年に数学教育の研究者ハンス・フロイデンタールと結婚しています。ドイツ生まれのハンスは、リアリスティック算数の創始者として世界的に有名な人で、今もユトレヒト大学には彼の名を冠した研究所があります。

「リアリスティック算数」とは、計算法や定理など抽象的な理論だけを学ぶのではなく、そうした理論が実際に応用される具体的な場面とできるだけ組み合わせて教えるものです。そうすることで算数や数学の学びが、子どもにとってより具体的で意味あるものとして学べるようになることを目指しています。

今流に言えば、いわゆる「算数リテラシー」を育てることです。実際、オランダの学校の算数や数学の授業にはその影響が強く、子どもたちが計算を間違いなく正確にできることよりも、どういう場面でどんな計算や定理を使うかを子どもたちに学ばせることのほうを圧倒的に重視しています。

ハンスとスースは三人の子どもをもうけており、この子たちを、第二次世界大戦前から戦中・戦後にかけて育てていたと推測されます。ユダヤ人だったハンスは、戦時中、ドイツに占領されていたオランダの大学での教育・研究活動を停止せざるを得ず、しかも、収容施設で強制労働に従事しなければなりませんでした。

スース自身はユダヤ人ではなかったのですが、幼い子どもたちを抱えて、ユダヤ人である夫の身を案じながら戦争をくぐり抜けた経験は、その後の彼女の人生観や社会観に深い影響を与えたに違いありません。

スースは戦後、世界新教育フェローシップ（NEF）のオランダ支部にあたる『養育・教育刷新研究会』という団体で書記をしていました。おそらく、戦時中の経験を通して、差別を生まない新しい教育のあり方を求めていたのではないでしょうか。そのスースが一九五〇年に出会い「これこそわたしが求めていた教育のあり方だった」と感動したのが、ドイツ人ペーター・ペーターセン（一八八四―一九五二）が一九二七年に上梓した『小さなイエナプラン』（Der Kleine Jena-Plan）という本でした。

この本は、もともとイエナ大学の教授だったペーターセンが、大学実験校で試みていた学校実践と研究を、一九二六年にスイス・ロカルノで開かれたNEFの第四回国際会議で発表したときに資料として制作されたものを編集し直したものです。「イエナプラン」という名称は、世界新教育フェローシップ（NEF）の秘書らがこの会議での発表の際につけたそうですが、ペーターセンはあまり好きではありませんでした。ペーターセンは、大学実験校で実践・研究していた教育を「人間の学校」と呼びました。この言葉は、それまでの学校が、人間の子どもを「人間として」育てるのではなく、工場の機械のように、あるいは軍隊の一兵士として育てることに向けられていたことへの強い批判を含んでいました。

ペーターセンは、学校を「共同体」とみなし、子どもたちが一人ひとり完全な「自由」を認められて、仲間と共に生きること、仲間の自由を尊重し、秩序を崩さず、みなが安心して快適に生きられるように責任を持って生きることを、練習し学ぶ場だと考えました。

ペーターセンが言う「共同体」は、そこにいる人たちの同調行動を目指していたわけでは決してありません。そうではなく、どの子もみなユニークな、つまり唯一無二の存在で、それぞれの子の個性や、生まれもってきた社会・文化的な背景、その子に特有の経験を尊重すること、また、ほかの人のユニークさを大切にして、お互いの違いこそを集団の豊かさとして受けとめられる人間となるように、それを共同生活をしながら学ぶのだと考えていました。

それは、それまでの学校がやってきた、ほかの子どもより先を行く子には、ほかの子が追いつくまで待たせ、ほかの子どもより遅れている子には叱咤激励《しったげきれい》して不足を補わせる、つまり、すべての子どもを同じレベルに統一し、あたかも規格品のような人間にしていくのではなく、それぞれの子どもの内側から湧き起こる、つまり内発的で主体的な学びへの意欲を刺激し、一人ひとり異なるテンポとやり方で伸ばすことを目指した学校です。

イエナ大学の実験校で実践されていた「異年齢学級」「リズミックな週計画」「対話・遊び・仕事・催しという四つの基本活動」「リビングルームとしての教室」「学校共同体」は、それぞれ、学年制、同じ時間帯で切り分けられた科目別授業、教科学習だけを重視する授業のあり方、兵舎のように無味乾燥な教室、大人が一方的に知識を流し込むことだけを目的とした学校のあり方に対する強い批判にほかなりませんでした。

ペーターセンは、未来という見えない時代の社会に必要なのは「自分から進んで問題に取り組んでいこうとする人々」であり、それは「親切で、友好的で、互いに尊重する心を持ち、人を助ける心構えができており、自分に与えられた課題を一所懸命やろうとする意思を持ち、人の犠牲になる覚悟があり、真摯《しんし》で嘘がなく、自己中心的でない人々だ」とも言っています。

つまり、ペーターセンが望んでいた学校とは人に言われてではなく、自分自身で何が正しい行動であるかの判断ができ、社会に背を向けることなく、真摯に社会に参加し、働きかけていく人間を育てる学校でした。

ペーターセンもまた、戦争と混乱の時代を生きた人です。農家の長男だったペーターは、第一次世界大戦中、続けて三人の弟を失っています。ペーターセンがイエナプランを実践し、発表したのは、第一次世界大戦が終わり世界恐慌に入るまでの、先進諸国が民主化を進めたごく短い時期のことでした。

世界はまもなく大恐慌を迎え、ヨーロッパの国々は二度目の世界大戦の戦場と化していきます。ペーターセンがいたイエナは、第二次世界大戦後二分されたドイツの東側、共産圏の東ドイツに入り、子どもの自由を尊重する教育活動は続けられなくなり、ペーターセン自身も一九五二年に亡くなっています。

ペーターセンが亡くなったころ、スース・フロイデンタールはペーターセンの「小さなイエナプラン」と出会いました。以後、スースはイエナプランに関心を持つ小学校の校長や教員と共にドイツを訪れてわずかにあったイエナプラン・スクールを見学し、意欲ある教員たちと研究会を開き、大学教授や政治家・官僚らに働きかけ、オランダにイエナプランが普及するよう熱心な活動を展開していきます。

スースがオランダの教育界に初めてイエナプランを伝えたのは一九六四年、「養育・教育刷新研究会」の総会での講演でしたが、一九六〇年代末から一九七〇年代にかけてのオランダは、わずか一〇年間に人々の意識が大きく変容した時代でした。

学生や知識人ら若い人々が、それまでタブー（してはいけないと禁じられていること）とされていたオランダ人の建前を問い直し、本音で議論を重ね、数々の市民運動を起こした時代です。背後にはナチス・ドイツに占領されていたオランダで、一〇万人におよぶユダヤ人が強制収容所に連行され、二度と帰ってこなかったという苦い過去がありました。敬虔なキリスト教徒だったはずのオランダ人たちは、隣人のユダヤ人が連れ去られていくことに、見て見ぬふりをして何もしなかったことを恥じねばなりませんでした。「このような時代を二度と生んではいけない」。イエナプランは、そう考えていた若い教員と保護者に歓迎されて、オランダに根づいていったのです。

リーン校長の「学習する学校」

昨年七月、リーンは三〇年間校長を務めたドクター・スハエプマン・スクールに別れを告げました。ドクター・スハエプマン・スクールに、リーンが着任したのは、彼がまだ三〇代だったときのことです。わたしはこの学校に、どれほどの日本人を伴って訪れたかわかりません。多分その数は、述べ数百人に上ることと思います。テレビの撮影班を伴っていたこともありますし、わたしが監修したＤＶＤの映像の大半も、この学校で撮影しました。それほど、わたしはこの学校が好きだったし、イエナプラン・スクールの中でも、とりわけ完成度の高い学校だと思っています。

学校がうまくいくかどうかは、校長の手腕によるところが大きいのでは？　とわたしが言うと「その通り！」と膝を打つように同意してくれる教育者は少なくありません。その裏には、学校とは、教材や環境を揃えさえすればできるというものではない、という意味が暗に含まれています。学校の方向性やビジョン、船にたとえれば大海原の先を見通すコンパスを、自らしっかり体現できる船長のような校長がいるときに、学校は迷いなく安定して航行を進められるものなのです。わたしはそのことを、ドクター・スハエプマン・スクールという船の上で、三〇年間航行を続けてきたベテラン校長であるリーンの仕事を見ながらずっと感じてきました。

彼が学生だったのは一九七〇年代初頭。当時の男子学生は一八歳になると徴兵義務のために一年半軍事訓練に行かされていました。リーンもドイツ北方の境界線近くで戦車の警備にあたっていたといいます。第二次世界大戦まで「中立国」だったオランダは、戦時中ナチス・ドイツの占領下に置かれ、解放後、西側自由諸国の一員として、北大西洋条約機構（NATO）体制のもと、いつ勃発するかもわからない共産圏との戦争に、シミュレーションをしながら備えていたのです。

この年代の人たちの話を聞いていると、その時代の若者たちが親の世代とは異なる生き方をしようともがいていたようにも感じられます。徴兵で冷戦体制の只中に置かれ、テレビが普及して世界各地のニュースに触れるようになったこの世代の人々の世界観は、親の世代の世界観よりもずっと大きく広がっていました。

また、それまでは自営業や農家の子が大学まで進学することはありませんでしたが、産業化に伴う人材を求めて大学への門戸が開き、中・下層（階級）の家庭の子どもたちや女子学生も大学に進学するようになります。核戦争への危機感だけでなく、世界規模での貧富の差の広がり、それをさらに加速させる爆発的な人口増大、産業開発の後ろで広がる環境汚染にも、若者たちは強い危機感を持っていました。

親たちのように古い倫理観だけですまし顔をしているわけにはいかず、牧師らが宗教倫理を説諭する教会からは足が遠ざかり、ありとあらゆるタブーを日のあたるところに引っぱり出して議論し、女性解放運動、同性愛者の権利擁護運動、人間の尊厳を求めた安楽死合法化運動などを起こし、貧困国には支援を、独裁者には糾弾の手紙を送りました。

リーンは、学生運動に特に積極的に参加していたわけではないと言います。しかし、リーンも時代の子。若者たちが社会の中のあらゆる常識を問い直し議論を重ねていた時代に、彼もまた古い学校のあり方を問い直し、すべての子どもたちが健やかに成長できる学校のあり方を考え、学校づくりの理想に燃えていました。

教員養成大学を卒業し、ロッテルダムの学校で教員となったリーンは、まずは図書室を変え、子どもたちが企画するミュージカルを開催したり、工作教室をつくったり、放課後には子どもたちのために卓球教室を開いたりしたと言います。保護者の学校参加など、オランダでもまだあまり活発でなかった時代に、保護者に働きかけて学校活動への協力を促しました。そして大学卒業後わずか三年、まだ二〇代半ばでロッテルダム市内にあった小さな学校の校長にならないかと依頼されたのだそうです。

リーンは、自分のことを「校長」ではなく「チームリーダー」と名乗っていました。多分、「人の上に立つ」序列的で権威的な響きが嫌だったのでしょう。校長になると、さらに新しい試みを広げていきました。一九八一年に始まった新初等教育法では、学年制にとらわれることなく子どもたちの「切れ目のない発達」を目指していました。リーンたち学校の教員チームは、どうすればこの「切れ目のない発達」を保証できるかと考えた末、異年齢の子どもたちが一緒に学ぶ形を考えました。

そのころ、教育界ではまだ斬新だった「サークル対話」も始めました。そうこうするうちに、ある学校アドバイザーから「リーン、あなたがやろうとしているのはイエナプランに似ているよ」と言われ、初めてイエナプランを知ったのだそうです。一九八九年に経営不振で生徒数が減っていたドクター・スハエプマンスクールの校長になるように依頼され、リーンは初めてイエナプラン・スクールの校長となりました。

学校の理事はリーンに「君のことを信頼しているよ。好きなようにやればいい。でも、何か問題があったら連絡してくれるよね」と言ったそうです。だからリーンは、子どもに対しても、同僚の教員たちに対しても、自分が理事たちに信任されたのと同じように、信頼して任せることを大切にしていると言います。

「子どもとの関係の出発点に不信を置かないことなんだ。難しすぎるんじゃないか、できないんじゃないかと考えず、僕は君がやってくれるのを当てにしているよと相手に感じさせるようにしている」

ドクター・スハエプマンスクールを訪れ、リーンが校内を歩いてわたしたち訪問客を案内してくれるとき、廊下や教室で子どもたちはいつも嬉しそうに「ハロー、リーン」と笑顔で声をかけてきます。もちろんリーンは、そういう子どもたちに、必ずにこやかに言葉を返しています。あるときリーンはこう話してくれました。

「大事なのは一人ひとりの子どもを学校で認めることなんだ。校内を歩いているときに子どもがわたしに挨拶すれば、わたしはその子に挨拶を返すし、いつも必ずその子について何か気づいたことを言うようにしている。多分これはわたしの性格で、意図しているわけではないんだが、相手の子に対して『僕はちゃんと見ているよ』と気づかせるようなことを何か言ってあげたくなるんだよ。『いい髪型だね』とか『あれ、新しいジャケットかい？』などとね。わたしたちの社会では、お互いが関心を持ち合うというのはとても大事なことだと思っている」

　そんな気さくなリーンも目立たないところでよく勉強をしています。わたしが二〇一二年に出した翻訳書「学習する学校」の原著を最初に教えてくれたのも、リーンでした。

「長い年月を通してだんだんにわかってきたことなんだが、校長であるわたしにとって最も大事な役割は、自分が持っているビジョンを常に教職員のチームに伝え、話し続けていることだと思っている。そして、自分のビジョンをもっと磨くために、教員たちと対話し続けることが大事だし、チームの仲間たちが発達できるように、学べるようにしておくことが必要だ。学ぶのは楽しいこと。教員たちに学ぶチャンスを与え、教員たちも学ぶことが楽しいと感じ、一緒に学べるようになると、学校がとてもダイナミックな組織に変わり、とてもたくさんのことが起きる場になっていくんだ。同僚の教員たちが、それぞれどんな才能を持っているか、それを称賛し、もっと伸びるようにと挑みかけていく……。そうしておけば学校はもっともっと多くのことができるようになっていく。そうやって、学校は教員たちと一緒に成長していくんだよ」

　こういうリーンは、自分の学校の教職員たちの言葉に本当によく耳を傾けています。ときには、悩み苦しんでいる教員にそっと肩を貸して泣かせてやりながら……。

共に生き、子どもを輝かせる

オランダ・イエナプランのベテランの指導者フレークがやっている教員研修を見せてもらっていたときのことです。フレークは、「Kennis is macht, delen is kracht」（知は権力、共有は力）という言葉を正面のスクリーンに映し出しました。オランダ語の macht と kracht は、日本語にすればどちらも「力」なのですが、macht はどちらかというと他人の上に立つ権力的「力」を意味し、kracht は自分の内に漲《みなぎ》る「力」を意味していると言えば、その違いがわかるかと思います。フレークはまさに、分かち合うことこそが人間の力だと考え、それを実行して生きている人です。

フレークに出会ったのは今から一四年前。ケースに助けられ、いくつかの学校を訪問し、資料を読みあさって、ようやくオランダのイエナプランを日本に初めて紹介した本「オランダの個別教育はなぜ成功したのか―イエナプラン教育に学ぶ」を上梓《じょうし》した直後でした。オランダ・イエナプラン協会が毎年開催している全国大会の会場で、もと教育監督局の視察官だったというオランダ人に、この本のことや日本の教育の現状について、今思うと、少々恥ずかしくなるほど熱っぽく語っているときでした。そこに、この大会で講師をしていたフレークが分け入り、日本の学校の話に興味を持ってくれたのです。

フレークとのさらに長時間にわたる熱い会話の最後に、フレークは「僕たちが日本に行くよ。講演料はいらない。往復旅費と滞在費だけ用意してくれればいいから」と言って、しかも「こういうことは先に決めないと流れてしまうからね」と、その場で日程表を開き、一年後の日付に色鉛筆で印をつけてしまったのです。

こうして、その日初めて会ったばかりのフレークと彼の同僚のヒュバート、リーンの三人を、翌年、日本に連れていくことになりました。わたしはといえば、その日から三人の講師を日本に同行するための資金繰りにかけ回ることになったのですが、確かにそうでもしなかったら途中で諦めていたでしょうし、改めてフレークに連絡を取って日本行きを交渉することなどできなかったと思います。

こうして、今に続くフレークとの長い友情が始まりました。

フレークは生来《せいらい》のエンタテイナーです。「エンタテイナー」とは、「人を喜ばせる人」という意味ですが、彼が趣味でやっている子ども劇場で役者として演ずるときも、オランダや日本の研修生にプレゼンテーションをするときも、とにかく聞いている人を笑わせ、楽しませるための工夫があちこちに散りばめられているのです。ほかの人が見れば、「そんなに細かなことまでしなくても」と思えるようなところに面白い写真を入れたり、アドリブのジョークをはさみ込むことでその場の雰囲気が和らぎ、笑いで人と人との間に温かい共感が生まれるのです。多分、頭で計算してというより、直感的にそういうアイデアが頭に浮かぶのでしょう。

あるときフレークが、「僕が校長をしていたときには、学校の休暇が始まると保護者がこんな質問をしていたんだ。うちの子は学校が休みになるとつまらない。早く学校に行きたいっていうんです。一体、学校で何をしているんですかってね」

こう聞いたときには、きっとそうでしょうともと、妙に納得したものです。

「明日の学校に向かって」というDVDの撮影のためにインタビューをしたとき、彼は「新聞配達少年がやがて百万長者になったことを褒《ほ》めるアメリカのような社会は嫌いだ。金持ちになって自分さえ良ければいいというような社会にわたしは住みたくない」と答えています。フレークは実際、一人勝ちのエリートをつくる学校が嫌いです。彼はみなが一緒に幸せでいられる社会を心底求めています。

フレークのプレゼンテーションは、情報が満載であるだけでなく、それをどんな風に組み立てれば人に伝わるかがうまく工夫されています。よくもまあ、そんなアイデアを思いつくものだ、ここまで準備するには何時間もかかったことだろうと感心します。文字は少なく、写真やイラストを駆使して伝えたいメッセージを焦点を外さず伝えるものです。

そういうプレゼンテーションを、フレークは人に請われると実に気前よく「ああ、いいよ」とすぐに提供してくれます。実際、フレークはわたしにこう言ったことがあります。「人と分け合うことは本当に力なんだよ。誰かが『これはわたしのものだ』と独り占めにするのを見ると、良くないなと思う。だからわたしは自分が作成したプレゼンテーションは、誰でも使っていいよってあげるんだよ」

多分、フレークにとって、できあがったプレゼンテーションは一つの成果に過ぎず、大事なのは、それをつくっていくプロセスで得た学びのほうなのでしょう。フレークにとって、それはすでに「終わった」学びで、成果を人がどう使おうともそれをつくっていくプロセスで自分が得た学びが奪われることはない、次はもっといいものをつくってやるぞと自分自身を奮い立たせているのかもしれません。実際、毎回研修に出るたびに彼のプレゼンテーションには新しい工夫が加わり、メッセージがいっそう明快になっているのです。

フレークに、イエナプランがほかのオルタナティブ教育に比べて一線を画する点は何か、イエナプランのエッセンスは何か、と聞いてみたことがあります。

「イエナプランのエッセンスは、ほかの人と一緒にやるほうが、一人でやるより多くの成果を上げられると考える点だ。人間はもともと社会的存在で、誰もが誰かほかの人を必要としているんだよ。ほかの多くのオルタナティブ教育は、個別の学びは強調するけれどもほかの子と一緒に学ぶことを強調しない。なぜ、みなで一緒にやってクラス全員がわかるようにしようという考えを持たないのだろう。それが、わたしにはほかのオルタナティブ教育とは一線を画す特徴だと思える。『一緒に』学ぶ、『一緒に』意見を交換し合う、グループの力、グループで一緒に成長したり生み出したりすることに、なぜ注意を払わないいんだろう。もちろん一人ひとりがしっかりしていなくちゃならないことは大事だよ。でもグループそのものもしっかりとしたものであるようにする必要があると思う。そうすればグループが一人ひとりを大切にするようになる」

と答えました。グループとは「社会」と言い換えてもいいかもしれません。

イエナプランが求めている教員とは、と聞いてみたら答えはこうでした。

「あまりたくさんのことをしない人だね。子どもたちはとてもたくさんのことを自分でやれるんだ。イエナプランナーは、そのことを子どもたちに学ばせるべきなんだよ。もちろん教員は子どもを助けたいし支援したい。同時に、教員は、子どもたちに自分たちだけで多くのことができるのだという自信を持たせなければいけない。もしかしたら自分たちのほうが大人よりもうまくやれるかもしれない、とね。世界中の教員たちが『子どもができないこと』に注目するように訓練されている。テストして間違いを確かめ『ああ、それができないのか、じゃあ、それを修繕してやろう』とね。でも裏返してみたらどうだろう。できるところに注目するんだよ。そうすれば子どもを信頼できるようになる」

フレークはこうも言います。「教員は子どもたちを舞台に上げるディレクターでなければならない。自分は舞台に上がらず袖で見守っていればいいのだ」。そしてこんな映像を見せてくれました。それは、それまで指揮棒をふってオーケストラを率いていた指揮者が、指揮の手を止め、うなだれるように俯《うつむ》いて立ち、フィナーレの歌声を響かせるソリストのオペラ歌手に、聴衆のすべての視線を集めている様子です。

教育とは継承することです。継承とは、自分が持っているあらゆる知恵や力を後継者のために捧げ、自分が今まで立っていた、スポットライトに照らされた舞台の位置を、誰にも気づかれないように次の舞台の役者たちへと譲り、自分は人知れず去っていくことなのかも知れません。

水の流れを変える川の石のように

フレークのユーモアに満ちた研修を、よく研修室の後方に座ってクックックックッとお腹を抱えながら笑って楽しんでいるのがヒュバートです。

フレークとヒュバートは、もともとイエナプラン・スクールの教員。二人とも三〇代で校長になり、一九九九年にイエナプラン・アドバイス&スクーリング社（JAS）という、主としてイエナプラン・スクールの現職教員や管理職者、また新入教員に向けた研修を行う会社を設立しました。ペーターセンの逝去後、ほとんど広がることがなかったドイツでも、二人はイエナプランの指導をしています。

日本に初めてフレークたちを同行して行った年の翌年、二〇〇八年に、わたしは彼らがミュンヘンの大学で学生たちに一週間のイエナプラン研修を行うと知り、ちょうどオランダを訪れていた三人の日本人訪問客と共に、その研修を聴講しに行きました。その研修は、今までわたしが抱いていた大学の授業のイメージを根底から覆すものでした。まず何よりも、講師らが話をするのはごく短時間で、ほかのほとんどの時間は、研修生自身が考える課題を与えられ、意見を交換し、何かを生み出す作業が続くというものでした。しかも、その活動の間に、講師らは、気分転換のために遊びを入れてくれたり、それぞれが研修室を離れ、思い思いの場所で短い論文を読んだりするのです。いわゆる座学の退屈さと窮屈さなど微塵《みじん》も感じさせず、心地よいリズムの中であっという間に一日の授業が終わり、終わった後には参加者同士で話が尽きないほど、頭の中をいろいろな思いが駆けめぐる、そういうものでした。しかも、研修期間中に、研修生は自分が考える「理想の学校」を具体的な形にしていくのです。

後で、ヒュバートに「ＪＡＳの研修は、何を目指しているの？」と聞きました。

「わたしたちがやろうとしているのは、イエナプランについて学ぶだけでなく、イエナプランのやり方で学ぶことなんだ。Teach as you preach（提唱しているように教えよ）という言い方があるが、自分たちが子どもにはこんな風にやれと言っているのなら、そのやり方そのものを、そのまま教員たちも実行して体験すること、つまり、講師である自分たちが、イエナプラン・スクールの教員になったつもりで教員や学生たちを指導するんだ。なぜなら、教員たちは、現場で応用できるものを求めているからだ。教員たちには小グループに分かれて学んだり、学んだことが自分という人間個人にとってどんな意味を持つかをふり返らせたりする。だから、わたしたちの研修には何か新しい授業方法を受け身に学ぶ以上のものがある。それが教育や子育てについての研修生たち自身のビジョンの成長につながるんだよ。単に知識を学ぶというだけでなく、研修中に教育者としての人間的な成長が起きるように、理論と実践のバランスを考えて研修を企画している」

さすがに、かつて何年間もイエナプラン・スクールの現場で担任や校長の経験を積んだだけあって、研修を受けている学生や教師が求めているものをよく理解しているなあと感心しました。そして、何とかヒュバートとフレークの研修を日本人の学生や教師たちにも受けてもらう方法はないものかと考えをめぐらせました。それはその場に一緒に研修に参加していた京都教育大学の村上忠幸教授の思いでもありました。

村上教授の支援もあり、三年後の二〇一一年、ヒュバートとフレークを講師とした日本人向けの合宿研修を実現することができました。わたしの願いは、お金にゆとりがない普通の先生や、理想の教育を求めて学んでいる学生たちにこの研修を受けてもらうことでした。参加費を高くして、どこかの企業が商品にしてしまうような研修はしたくありませんでした。ヒュバートたちはわたしの意向をくんで、できるだけ安価に実施できる方法を考えてくれました。また、はじめの数年間、村上教授は研究費を使って援助し、自分の学生を参加させて人数を揃えてくださいました。こうして、オランダのJASの合宿研修に日本人が参加できるようになったのです。

研修生たちは、ＪＡＳの研修施設に足を踏み入れた途端にその素晴らしさに驚きます。合宿施設とは思えないホテルのような部屋、インテリアの素晴らしい大きなリビングルーム、オーブンや食洗機まで揃った広いキッチンでの自炊、そして、研修室のテーブルには毎日欠かさず生花が飾られ、壁一杯の大きなガラス窓越しに広い芝生の庭とその向こうの自然林が見渡せるという環境です。研修生たちは初日から自分たちが人として大切にされていることに気づくのです。これも、この会社を設立したヒュバートとフレーク流の哲学であり、人生訓なのだろうと思います。

講座は二人が交代でやりますが、片方が担当しているときには、もう一人は部屋の後ろでじっと見ています。講義を終えると「どうだった、今の？」と相手からの感想を聞きます。独りよがりにならないように、相手の目を通して確かめているのです。内容は研修生の様子に合わせて常に調整しています。質問が出て、何かに関心があることがわかると、すぐに、それにまつわる話をふくらませ、退屈そうに見えたら遊びを入れ、晴れ上がった日の午後には、何か課題を出して「森を歩きながら考えておいで」と研修生を散歩に出します。

フレークは絶妙なユーモアに富み、ときとして多弁になりがちですが、ヒュバートは口数が少なく、しかし言葉を選んでエッセンスを短く伝える人です。どちらもお互いの強みを尊重し合っており、どちらもお互いの意見や感想に素直に耳を傾けています。

全国からやってきた見ず知らずの学生、教員、研究者、会社員、保護者などの研修生は、初めはお互いによそよそしく遠慮がちにしているのですが、二日もすると話をせずにはいられないくらい親しい関係となり、三日目に学校を訪問すると、堰《せき》を切ったように言葉があふれ出します。学生も研究者も、地位や立場の違いを越えて一人の人間として教育についての議論を始めます。こうして一週間の合宿研修生活を共にした後には、一生を通じる深いつながりとなって日本への帰路につきます。日本の学校では、一年かかってもいじめや不登校を解決できないのに、ここではたった一日か二日で、参加者同士を切っても切れない関係にしてしまう。「グループをグループらしくする」ヒュバートたちの魔法のような力に脱帽します。わたし自身、そこで研修生たちのサポートをしながら、どれほど指導者としての態度を問い直され、自分の古着を脱ぎ捨てさせられたかわかりません。

ヒュバートは、「イエナプランナーは、斜に構えている人たちなんだ」とよく言います。正確にいうと「枕木（Dwarsligger）」という言葉を使うのですが、オランダ語のその言葉は「流れに反して真横に横たわるもの」という意味があります。簡単にいえば一般的な流れに「逆らう人たち」のことです。つまり、大道の真ん中を歩く人ではないのです。人々がこぞって大道を黙々と歩いているときに「ちょっと待て、その方向は違うんじゃないか」と警鐘《けいしょう》を鳴らす人たちです。そしてその彼が、研修生に繰り返して言うのは「自分を信じろ」ということです。

ケースとリーンとフレークとヒュバートという、真の意味で世界の最先端を行く、しかも一流の教育者に、わたしはイエナプランナーとして生きるとはどういうことかを学びました。何と贅沢なことでしょう。ケースには、科学とは真理を求める探究にほかならないこと、そして、それは一人でやるよりほかの人が自分を修正してくれるときにこそ、深まり磨かれるものであることを、リーンには、真のリーダーとは権威を笠に着ることなく、耳を傾け学び続ける人間であることを学びました。フレークは変革の遅い日本に苛立つわたしを「イエナプランナーだろう、諦めちゃダメだよ」と慰め、ヒュバートは「『川に投げた石ころが水の流れを変えた』っていう歌を知ってるかい。僕らは石ころを一つだけ動かしたと思っていればいいんだよ」とにっこり微笑んでくれました。

インクルーシブな社会は学校から

一〇年という歳月を、若いころは気が遠くなるほど長いと感じていました。いつのまにか、その一〇年を六回も繰り返し、さらにお釣りがくる年齢になってしまいました。

ふり返ってみると、自分を育ててくれたのは、数々の人たちがかけてくれた言葉、その人たちのそのときの生きる姿だったなあとつくづく思います。過去に日本に生きた先達と、世界で出会った異文化の人々がわたしの成長を助けてくれました。残念ながら学校で学んだことは、あまりよく覚えていません。

わたしの世代の日本人は、戦争を生身で体験することはありませんでしたが、親たちは戦争の悲惨さを知っていました。でも親たちが、戦争の話ばかりをしていたわけではありません。せっかくやってきた平和な時代に、あえて戦争をふり返りたくないという親のほうが多かったかもしれません。戦争が起きてしまう世の中には、おそらく計算づくでは割り切れない、多くの矛盾が満ちていて、子どもに説明できるほど単純なことばかりではなかったでしょう。わたしたち人間は、悪い、間違っている、やめておいたほうがいいと思っていても、逆らうことが難しい大波に呑まれてしまうことがあるのです。そうなる前に、大波を生まない社会をつくっておかなければなりません。

わたしたちの世代は、少なくとも日本や欧米先進諸国では、若いころは、経済発展の只中にあり、欲しいものはなんでも手に入れることができる時代を生きてきました。そうした先進国の平和と経済発展が、アジアやアフリカやラテンアメリカの人々にさまざまな犠牲や矛盾を強いるものであったことを、わたしはわずかですが自分の経験から学びました。

もちろん、途上国の人々の考えを両手をあげて称賛するつもりはありません。世界中の人々がますます金と名誉を求めて競い合う社会になっていたこと、それが大半の社会で貧富の差を生み、多くの人々を不幸にしてきたことに気づかなかったのは、あるいは気づいていても知らん顔をしてきたのは、わたしたちも途上国の人々も同じです。戦争になだれ込んでいく社会と同じで、大多数の人が金と名誉のために競い合うとき、繁栄を喜び、繁栄を求める途上国の人々を非難する資格は誰にもありません。かつて、西洋社会の繁栄に追いつけ追い越せと、近代化を進めていた日本の人々も同じでした。その流れが間違っているのではないかと抵抗できた人は、ひと握りだったと思います。勝つ人がいるところには負ける人がいて、成功する人がいるところには失敗を悲しむ人が必ずいます。こうした違いは、世の中にねたみや不信を生み、社会を分断します。

戦争が起こす社会、金の価値ばかりが先行して金を持たない人の声が聞こえなくなった社会では、人は尊厳を奪われます。過去だけでなく今でも日本や世界には、自分ではどうすることもできない生まれつきの属性を理由に不当な差別を受け、誰にも言えない生きづらい人生を、悲しみと悔しさを抱えながら生きている人たちがいます。わたしたちはみな「尊厳を認められて生きていたい」。それはどんな時代にも、世界のどんな場所でも人間に共通の心理です。尊厳とは、人に頼らなくても安心して自立して生きていられることです。尊厳は連帯感を育て、連帯感は尊厳を生みます。

もしも、人間社会が、多様な素質と背景を持つすべての人に同じ価値を認め合う社会であったなら、この多様性と連帯が、世界を危ない方向へ導かない最も確かな安全弁になるはずです。

学校が本当に理想の社会を求めて、そのために子どもたちを育てていくところであったなら、つまり、戦争に人を駆り立てたり、自分の金銭欲や名誉欲のために子どもたちを競わせるのではなく、一人ひとりの子どもの個性や素質を真から認め、誰もが自分らしく生きられる社会を目指していたら、親だけでなく社会にいる多くの人もそれに賛同し、子どもたちのために働くのではないでしょうか。

良い教育とは、優れた指導者を選りすぐって生み出すことではありません。ましてや多くの人の喝采を受け、スターダムにのし上がることを人生の成功だとするのは間違っています。本当の良い教育とは、誰かが見ていなくても自制心を持って、自分が本当に正しいと信じる行為を選択する人間、自分の得意なことで社会に貢献し、自分にできないことができる人を尊重し、協働で大きな仕事を成し遂げたいと思える人間を一人でも多く生もうとする教育です。

もしも学校が、これからもずっと競争の場所であったなら、もしも学校がこれからもずっと排他的な場所であり続けたら、子どもたちがやがてつくる社会も競争で仲間を蹴落とし、民族や宗教や、言語や文化、そして、心身の障害を理由に人と人とが憎しみ合い、みなが一緒に力を合わせて人間社会全体が直面している危機を乗り越えるために協力することなど不可能でしょう。社会を変えたければ、学校を変えるよりほかないのです。

こういえば、「でもね、社会がダメだから学校も変わらないんですよ」と苦笑いをしながら忠告してくれる人は少なくありません。学校が先か、それとも社会が先か。それはニワトリが先かタマゴが先かの議論にも似ていて、決着がつくことはありません。でも、社会が変わるのを待つのは気が遠くなるほど大変な仕事ですが、学校を変えることは、少し頑張ればできそうです。学校に理想の社会を生む、そこに大人たちが努力して関わることで、大人も一緒に変われる。そう考えると希望が生まれてくるのです。

親も先生も地域の人も、一人ひとりの子どもたちの個性を認め、家庭や学校や地域を、大人も子どもも、お互いにやさしく大切に関わり合う場所にしていく。それが、インクルーシブな地球市民を育て、未来の理想社会を先取りし、子どもたちの世代に、安心と安全の地球を受け渡すこととなるのです。

終章
子どもへの関わり方⑪のヒント

ここでは、本書に記したさまざまな人との出会い、イエナプランのビジョン、そしてわたし自身の経験を元に、今、学校や家庭で子どもたちの育ちに関わっている方々に贈りたいメッセージを⑪のヒントにまとめました。お役に立てば幸いです。

①安心で楽しい毎日を

「勉強、勉強」と子どもたちを追い立てていれば子どもは学び発達する、というのは大間違い。不安やストレスが脳の発達を妨げることは、脳科学でもわかっています。むしろ、不安がなく、楽しいと感じられているときに、子どもたちの脳は学びを促す分泌物で満たされます。ですから、家庭でも、もし可能なら学校でも、子どもたち一人ひとりをしっかり抱きしめ、「私はあなたをしっかり見ているよ」「安心して取り組んでいたらいいんだよ」というメッセージを送ってください。そして、家庭でも授業でも遊びを積極的に取り入れてください。もちろんコンピューターゲームのことではありません。子どもたち同士、またはおとなも参加して、みんなで楽しめる遊びです。遊びは、笑いや楽しい会話を生みます。人と人との距離を縮め、信頼感情をふくらませます。

笑顔や褒め言葉は、子どもたちの発達のためになくてはならない栄養です。何か注意したいときには、まず三つほど、良いところを探して褒めてあげてください。その上で最後に「これはちょっとヒントだけどね」と、直したほうがいいと思うことを、子どもの心を傷つけないように伝えてください。こうすれば、こどもの自己肯定感を育むと同時に、アドバイスがよく伝わります。

不安やストレスを避けるためには、規則正しい生活も必要です。食事や睡眠の時間に注意しましょう。睡眠は、昼間のできごとを消化し学びを定着させる学習プロセスの大事な一部であることが脳科学で証明されています。大人も一緒に、昼間しっかり体を動かして遊び、夜は疲れて早く休めるようにしてあげてください。

校則で子どもの行動を縛りつけたり、一日中、席にじっと座っていなければならないような学校生活は、子どもたちの脳を最大限に発達させるものではありません。学校では、いちいち先生の指示がなくても自分たちで次に何が起きるのか判断して行動できるように、毎朝必ず、その日の流れや学習目標を子どもたちに説明しましょう。

ペーターセンは、「罰や恐れや強制によって起きる良い行動は子どもにとっても社会にとっても意味がない」と言っています。実際、叱ったり罰を与えた結果、一見、外から見る限りは良くなっているように見えても、子どもの心には、悔しさや不満だけが残ることが多いものです。自分で状況判断をして選択して行動したときに、本当の「良い」行動となるのです。そのように、自分で判断して行動できる「自由」を、安心で楽しい環境から生み出しましょう。

②子どもの力を信じて

生まれたばかりの子どもの脳は「白紙」状態ではありません。子どもはさまざまな遺伝子の組み合わせを持ち、さまざまな家庭環境に生まれてくるので、素質や性向、物事の好き嫌いが一人ひとり違うのは当たり前です。子どもの自己肯定感を育てるには、その子が得意なことや好きなことをしっかり褒めてあげることが大切です。

けれども、できないことや不得意なことを、簡単に「仕方がない」「この子にはできないんだ」と諦めてしまうのは大きな間違いです。子どもたちの脳は小さいときほど柔軟で多くを学び取る可能性に満ちています。不得意そうなこと、あまり好きそうでないことにも、環境を整えたり、何か面白そうだと思えるやり方で刺激すれば、得意になったり好きになるかもしれません。どうか、子どもたちの見えない可能性を過小評価しないでください。

様々な研究により、言語や算数の学びでは、どの子も同じようなことでつまづき、どの子にも効果的な教え方というものがあることがわかっています。子ども同士の間で違っているのは、事前の知識や動機づけ、学びのテンポなのだそうです。同じ年齢の子なら同じ、と考えたり、他の子と比べて「ダメな子」「できない子」というレッテルを貼るのが間違っていることは言うまでもありません。

また、「この子は走り回るのは上手だが、本を読むのは苦手なんだ」と決めつけるのもやめてください。家庭でも学校でも、大人たちがしなければならないのは、その子が今、何ができて何ができないのかを見極め、どの子に対しても、これが今最も必要な学びだという目標を明らかにし、「きっとできる」と信頼して導き励ますことです。なぜなら、子どもたちは、できないことができるようになりたい、もっと伸びたいと、学習意欲に満ち満ちているからです。

③間違いと失敗は成長のベスト・チャンス

みなさんには、これまでの人生をふり返ってみると、きっといろいろな失敗の経験があると思います。その中には、思い出すのも恥ずかしい、今でも赤面しそうなこともあるでしょう。でもよく考えてみるとその失敗を通して学んだことはずっと忘れずに自分の中に残っているのではないでしょうか。間違いや失敗は、学びには欠かすことができません。偶然正解だったよりも、間違ったときのほうが、「今度は忘れないぞ」と心に深く刻み込むものです。

子どもが失敗や間違いを犯したときには、怒ったり残念がったりせずに「成長のチャンス」だと喜んでください。それは、言語や算数など基礎学力の学びについても言えますし、喧嘩やいじめなど社会性や情緒の発達についても言えます。小さな失敗のときに、それを話題にできれば、叱りつけてプンとそっぽを向かれたり、嘘をついて間違いを隠されたりして、次にまた大きな失敗を繰り返す心配もなくなります。

ただ、ここでも大人には大変重要な役割があります。間違いや失敗が起きたときに、怒ったり残念がったり叱りつけるのではなく、何が間違っていて、なぜそれが失敗なのか、次に間違わないためにはどうすれば良いかを、やさしく素早くその場で伝えることです。どんな子も、自分から好んで間違ったり失敗しているわけではありません。何が失敗で何が間違いかをわかっていないこともあります。それを「間違いだよ」と教えてあげるのは、人生経験を積んだ大人の役割です。

④ホンモノに触れられる豊かな環境を

あなたにとっては、毎日、目にしている当たり前のことが、子どもにとってはとても不思議で好奇心をかき立てることが、日々の生活の中には溢れています。この不思議に思ったり好奇心を持ったりすることが、アクティブな学びの源です。

生まれたばかりの、まだ言葉もあまり知らない小さな子どもも、自分の周りにあるありとあらゆることを、感覚を研ぎ澄まして観察しています。なぜなら、それは、人間が生きていくためになくてはならないことだからです。小さな子どもは目や耳だけではなく、手で触れ、鼻で匂いを嗅ぎ、口に入れて味見してみるなど、人間の感覚をフル回転して、そこにあるものが何なのかを試しています。子どもの脳は、周囲の世界にあるものを自分なりに理解して取り入れ、さらに、その世界の様子を観察して、絶えず自分の理解とホンモノの世界で起きていることのズレを発見し修正して、より正しい理解へと進化を深めているのだそうです。つまり、子どもは生まれつきの「科学者」なのです。

そんな子どもたちが小学校に入ると、机に縛りつけられ、窓の外の自然の変化や人の姿に目を向けただけで「よそ見をするな」と言われ、紙と鉛筆だけを使って先生の話を聞く、つまり、視覚と聴覚だけで「勉強」させられるというのは、どういうわけなのでしょう？

「なぜ」「どうして」と聞くことさえなくなってしまうのはなぜなのでしょう？

ホンモノの世界には、もちろん子どもたちが知らない危険も潜んでいます。子どもが危険にさらされないように気をつけるのは大人の役割です。

でも危険でなければ、どうか大人になるまで、不思議に思ったり好奇心を抱き続ける人間でいられるように、つまり、「科学者」のままでいられるように、子どもをホンモノの世界に連れ出し、ホンモノの世界を家庭や学校に招き入れるようにしてください。

⑤子どもと話そう

ホンモノの世界に出会う子どもたちの頭の中には、たくさんの問いが浮かんでいるはずです。日ごろから、子どもとの対話を大切にしておけば、子どもたちは、自分の問いを安心して大人に投げかけるようになります。

家庭では、食事の時間にはできるだけ家族そろって食卓を囲み、楽しい会話をするようにしましょう。子どもの話の内容に応じて、「どうしてそうなのかなあ」「いつもそう？」「他の考え方はないかな」と問い返すことは、子どもたちの思考を通り一遍ではなく、より深いものにするのに役立ちます。

学校では、子どもたちも先生も、お互いによく顔が見えるように円座になって話をする機会を持ちましょう。家庭でも学校でも、子どもに無理に話させるのではなく、子どものほうから話したいという気持ちになるまで待ち、誰かが話し始めたら、その子が話し終えるまで、ほかの人はみなしっかり耳を傾けるようにしましょう。上手に話すことだけではなく、人の話にしっかり耳を傾けることも大切な学びです。

子どもとの会話では、大人である親や教員も、自分の経験や自分の感情を言葉に表して伝えるようにしましょう。小さい子どもの脳は、言語の発達に関して優れた能力を発揮します。こんなことは子どもにはわからない、難しすぎると考えず、わかりやすい表現を選んで話しましょう。大人が自分のいろいろな感情を表現したり、大人の世界で起きていることについて説明するときに使う言葉は、子どもの語彙を増やし、子どもたちが上手に自分の気持ちを言葉で説明できるようになるのを助けます。

黙っている子が何も考えていないわけではないのです。自分の気持ちをどう表現したらよいかわからなかったり、意見がまとまっていなかったり、表現するための言葉を知らないだけなのです。黙っている子も、その場に参加していることを忘れず、居心地の悪い思いをすることがないようにしてあげましょう。

⑥消費者でなく生産者に

自分が知っていることをなんでも教え、子どもが欲しがるものをなんでも買い与えるのが大人の役割ではありません。子どもにはそれぞれ学びのタイミングがあるものです。あるときにはどんなに刺激しても興味も持たずできなかったことが、少し待っているとできるようになったり、ジャンプするように成長することがあります。そのタイミングを待つのも先生や親の役割です。大人に急かされて学んだことは、本当には身についてはいないことかもしれないからです。

未来を切り拓いていくのは、すでにあるものをただ受け身に使い消費していくだけの人ではありません。むしろ、これまで誰も見たことのない物や考えを生み出し、人々に新しい視界を広げていく人たちです。そして、世界は一人でも多く、さまざまな視点から新しいアイデアを持った人を待ち望んでいます。

何世紀にもわたって人類が積み上げてきた知恵や知識はかけがえのないものです。こうした過去の遺産を学ぶことを決して軽視してはならないと思います。しかし、その土台の上で、自力で何かを生み出したり、新しい考えを思いついて、試してみる機会は必要です。

ですから、子どもたちには、ただ受け身で大人の指示通りに動くのではなく、自立して考えたり動いたりする機会をつくり、そうした行動を奨励するようにしましょう。

もし子どもが何かを問いかけてきたら、すぐに答えを教えるのではなく、「君はどう思う？」「うん、それは難しいね」「僕にもよくわからないなあ」と問い返してみてはどうでしょう。それが受け身の消費者ではなく、クリエイティブな生産者を生みます。

⑦努力を褒《ほ》めよう

読んだり、書いたり、計算したり、定理を知り使えるようになるなどの基礎的な学力は、身の回りの世界を理解するだけでなく、新しいアイデアを生み出すためにも必要なスキル、つまり道具としての力です。こうした力は、ある日一日だけ頑張れば身につくというようなものでもありません。毎日少しずつ、簡単なことから徐々に難しいことへと忍耐強く学んでいかなければいけないものです。忍耐が必要なのは、基礎学力だけではなく音楽やスポーツ、芸術表現や工芸技術にも言えることです。

書家だった母は、展覧会のたびに新しい作品づくりに取り組んでいましたが、日ごろは、夕食の片づけが終わると、毎日のように、三筆《さんぴつ》や三蹟《さんせき》と呼ばれる古典的な書家の筆跡を手本に練習を続けていました。わたしも、子どものころにはピアノの練習をしたくないことが何度もありましたが、大きくなっていくつかの曲を自分なりの表現で弾けるようになったときに、繰り返し練習をして技術を高めておくことがどれだけ表現力の基礎になるかを実感したように思います。

学びには、このように長く続けなければマスターできないものがあります。また、長く続けたからこそ味わえる喜びも子どもたちにはぜひ味わってもらいたいものです。

ですから、そういう種類の学びについては、叱ってやる気をなくさせてしまうのではなく、少しでも何かができるようになったときに、努力の成果を褒めてあげるようにしましょう。「よし、また頑張るぞ」とさらにやる気を起こしてくれるはずです。

⑧競争ではなく協働を褒めよう

努力の成果を褒めるとはいっても、誰かと比べ、競争に勝ったという褒め方はしないようにしましょう。これまでの学校や社会では、何かにつけて「他の人と比べてもっと良くできた」「何かの競争で一番になった」というような理由で、子どもたちの努力を褒める傾向が大きかったのではないでしょうか。

大人が、いつもそんな風に子どもを褒めていると、子どもたちは「人には勝たなければいけない」「一番にならなければいけない」と考え、負けることや失敗することを恐れるようになります。また、「一番にならなかった」というだけで自分を肯定できなくなります。ましてや競争の結果は、いつも誰か一人の力を比べるもので、ほかの人と協力して何かを生み出すという行為には繋がりにくいものです。競争で勝つことを褒めると、ほかの人の素晴らしさを尊重し、ほかの人と協力することを学ばなくなるのです。ときには「人に頼るな」「甘えるな」と、誰かと協力することがまるで悪いことであるかのような意識を子どもに植えつけてしまいます。

自分さえ良ければよい、自分が勝ちさえすれば世界はどうなっても構わない、という人間は、これまでの学校教育が掃いて捨てるほど産んできました。でも、こうした態度は、世の中の人々がみな幸せになるために社会を変える力にはなりません。

これからの社会は、自分の良さを大切にし、同時に相手の良さを尊重して一緒にやるからこそこんなに大きな力になるのだということに気づいて、多くの人が一人ではできない大きな問題の解決に取り組んでいかなければならない時代です。そのためにもぜひ、誰かと協力することを促し、協力している子どもたちを褒め、子どもたちが協働して一緒に成し遂げた成果を褒めるようにしましょう。

⑨子どもを舞台に

子育ての目的は、子どもが自分の力で自立して生きていけるようになることです。大人の役割は、まだ一人でできないところに手を貸しながら、できるようになっていくのを見守り、ゆくゆくは子どもたちを独り立ちさせていくことです。

ですから、子育ての主役はあくまでも子どもであり、大人ではありません。どんなに上手に子育てをしているか、どんなに上手に授業をしているか、それはどちらもとても大切なことですが、本来の目的ではありません。上手な子育てや授業の結果、子どもがどんなことを自分でできるようになり、ほかの人を尊重できる人になっているか、それが最も大事な目的です。

家庭でも学校でも、大人がいなくなったときにハメを外すのではなく、大人が見ていなくてもいつもと同じように淡々と自分がやらなければならないことを自立してやれていることが大切なのです。そのためにも、子どもたちが自立的に何かをうまくやり遂げたときにこそ、それをみんなの前で披露してしっかり褒めてあげてください。

舞台の上に立つのは、子どもであって大人のあなたではありません。

⑩心のコンパスを信じよう

親は、子育てをしているとき、自分のしていることが正しいことなのか、とても気になるものです。育児書や教育書に書かれていることが気になり、自分の子どもの成長が遅れているのではないかと考えたり、よその子どもと比べることがよくあります。

学校の先生も、ほかの先生がしていることが気になったり、教育委員会や保護者の目が気になるものです。校長も教員も、つい八方美人になってしまいがちなのです。けれども、誰の期待にも応えられる行為は、誰にも役に立たない行為でもあります。自分のコンパスを失っているからです。

子どもたちが待っているのは、他人の目を気にして、他人の判断基準で動く人ではなく、自分のコンパスを持っている大人です。子どもにとって何が危険で、何をしたらいけないのかを知っているのは、大人であるあなたです。いくら子ども中心だからといって、すべての判断を子どもに任せ、大人が「本当に子どもたちにとって良いことなのかどうか」の判断を放棄したのでは、単なる自由放任に過ぎず、子どもたちの育ちを支援していることにはなりません。

コンパスを持っている人とは、自分の感覚を研ぎ澄まし、自分がしていることをときどき立ち止まってふり返り、自分自身の行為を本当に好ましいことだったかと心の鏡に照らして考えることができる人です。嵐のときも平穏なときも、舵を切り、航海を続ける船長のような人です。

コンパスは、人によってそれぞれ少しずつ異なるものかもしれません。しかし、大きく見ると、誰かが好ましいと考えることは、多くの人も好ましいと考えていることです。自分が誰にもされたくないと思うことは、子どもに対してもしないようにしましょう。

判断をくだせず、しばらく立ち止まって考えてみなければいけないこともあるでしょう。そういうときには、あなたの意見を子どもたちに素直に伝え、子どもたちと話し合って決めればよいのです。

⑪大人たちが垣根を越えて

親と学校の先生は、子どもたちがほぼ毎日接している数少ない身近な大人です。その大人たちが、お互いに不信感を持ち合って対立していたら、子どもは、大人になり社会に出ていくことに希望を持てません。学校は、子どもを真ん中に置いて、大人たちが協力して成り立つ場所です。大人たちが「子どもたちの未来がこうであればいいなあ」とお互いに社会の一員として心を割って話し合い、その考えにそって行動し、それを子どもたちに見せることができたらどうでしょうか。

これまでの学校では、とかく「先生のくせに……」「保護者のくせに……」と、何かうまくいかないことをお互いに相手のせいになすりつけてばかりいました。なぜなら、親や先生という「肩書き」を脱ぎ捨て、一人の人間として、社会の仲間として関わるという心の持ち方を、日本の学校はあまり教えてこなかったからです。もちろん、親にも先生にも、それぞれの持ち場があり役割があることは当然です。けれども、話をするときには、一人の市民になってほしいと思います。そして、お互いを一人の市民として尊重してほしいと思います。そうでないと、子育てを自分のこと、社会のこととして考え、協力する気持ちは湧いてこないでしょう。

もしも、学校にいるすべての大人が、肩書きにも建前にもこだわることなく、少しずつ自分の得意なことを出し合って子どもたちと関わっているとしたらどうでしょう？　学校の校長先生が、これらの力をうまく引き出して生かすオーケストラの指揮者になったつもりで仕事をしていたら？

そのために必要なのも信頼です。大人たちも、子どもと同じように、お互いを全人格的に受け入れて信頼するということを、学んで身につけていかなければならないのかもしれません。

共に心を割って話す。共に笑い転げて遊ぶ。共に協力して子育てに取り組む。喜びや悲しみをみなで共有する。もちろん、すぐにはできないかもしれません。でも、今からでも練習を始めてはどうでしょう。失敗を恐れることなく……。

こうして、未来を生きる子どもたちのためにより良い社会を実現しようと努力し、自らその練習をしている大人の姿が、子どもたちを励まし、子どもたちに「どう生きればよいのか」という指針を与えます。

おわりに

本書を通して、わたしは日本とオランダ、そして世界各地で出会った人たちとのエピソード、その人たちからわたしが受け取ったメッセージを、今、子育てに関わっている若い日本の先生や保護者の方たちに伝えたいと思いました。メッセージをくださった一人ひとりは、もしかすると、そんなできごとがあったことなど覚えていないかもしれないし、わたしが受けた印象の大きさほど、意図があってわたしに伝えていたわけではなかったかもしれません。ですから、これはメッセージの発信者の言葉であると同時に、それを自分なりの解釈で受け止め、勝手に自分の人生の栄養にしたわたしのストーリーでもあります。その意味で、わたしは本書にメッセージを残して登場してくださったすべての人に感謝の言葉を述べると共に、すべての文責はわたしにあることをお伝えしておきたいと思います。

ただ、わたしは、長い人生で起きたことを、あたかも自伝のように伝えるようなことをしたくなかったし、それができるとも思っていませんでした。むしろ、自分一人では気づけなかったことに気づかせてくれた人々のメッセージを、そのまま、読者のみなさんと共有したかったのです。

一方、幼いときから今日に至るまでの間に、わたしの心にメッセージを残してくださった人たちとの出会いを書き連ねることが、何か方向性のあるストーリーになるのかどうか、書き始めたときには確信が持てませんでした。でも、実際に書き進めていくうちに、自分でも、なぜイエナプランに惹かれるようになったのか、そこに至る過程を改めて深く見直す良い機会となりました。

さて、果たしてこれからの世界は本当に変わっていくのでしょうか。それは、わたしたちが次世代の子どもたちをどう育てていくかにかかっています。社会というものは、残念ながら何かの事件をきっかけに、または素晴らしい政治家のリーダーシップで、一度にガラリと変わるものではなさそうです。私自身、若いときには「どうして変わらないのだろう」と何度も地団駄を踏むような思いをしました。でも後になってふり返ってみると、「あれ、最近ちょっと変わってきたかな」と思えることもあるのです。一人ひとりがお互いを排除することなく、共に小さな努力を惜しまずに続けていれば、社会はゆっくりと変わっていくものです。何かビジョンを持ってそちらのほうに変えていきたければ、一緒に働く仲間を探し、仲間とつながって一緒に変えていけば良いのです。一人ひとりが、一つずつでも川の石を動かせば、いつか少し川の流れが変わることでしょう。それでは遅いって思いますか？　でも、それ以外に、わたしたちに何ができるというのでしょう。たとえゆっくりとした歩みでも、石を動かそうとしているわたしたちのことを、子どもたちはちゃんと気づいて見ています。

最後になりましたが、本書の刊行にあたり、「ほんの木」代表の高橋利直さん、スタッフの岡田承子さん、永田聡子さん、フリーランスの松井京子さんには本当にお世話になりました。この場を借りて深くお礼申し上げます。

二〇二〇年八月　リヒテルズ直子

- H. de Wit/H.Venerman, "Een weg naar en met Jenaplan: Interview met Landelijk medewerker Kees Both", Mensen-Kinderen jaargang 13-nummer 2 November 1997, NJPV
- "Frenet en Petersen", Mensen-Kinderen Nr.166, September 2019, NJPV
- K.Doornbos, "Opstaan tegen het Zittenblijven", Stichting voor Onderzoek van het Onderwijs, Staatsuitgeverij, 1969
- J.J.Woltjer, "Recent verleden, Nederland in de Twintigste Eeuw", Rainbow, 2001
- J.I.Israel, "De Republiek 1477-1806", Olympus, 6e druk. 2001
- J.Kennedy, "Nieuw Babylon in Aanbouw—Nederland in de jaren zestig", Boom, 1995
- K.Vreugdenhil, "Breinkennis voor Opvoeding en Onderwijs", Noordhoff Uitgevers, 2014
- S.Dehaene, "How We Learn—Why Brain Learn Better Than Any Machine...for Now", Viking, 2020
- P.Senge, Art Kleiner, Bryan Smith & others, "Schools That Learn (Updated and Revised): A Fifth Discipline Fieldbook for Educators, Parents, and Everyone Who Cares About Education",Crown, 2012

主な参考文献

- P.Petersen, “Der Kleine Jena-Plan”, 1927 (with Kindle Edition of Beltz 2015)
- P.Petersen, “Het Kleine Jenaplan”, Stichting uitgeverij Doorbraak, 1979
- P.Petersen & Hans Wolff, “Een lagere school volgens de basisprincipes van de leef- en werkgemeenschapsschool”, CPS, 1997
- S.J.C Freudenthal-Lutter, “Naar de basisschool van morgen”, 3e druk, Samson Uitgeverij, 1975
- S.J.C. Freudenthal, “De Jenaplanschool, een Leef- en Werkgemeenschap”, 2e druk 1982
- S.J.C. Freudenthal, “Peter Petersen and his School in Jena”, ‘Jenaplan-schools in the Netherlands: a Reader, Kees Both (ed.), Nederlandse Jenaplan Vereniging 2001
- A.W.Boes, “Jenaplan Historie en actualiteit, CPS, 1990
- Ann Deketelaere & Geert Kelchtermans, Ontwikkeling van de Jenaplanbeweging in Nederland van 1955 tot 1985, LPC Jenaplan/CPS, 1988
- K.Both, Jenaplan 21, Nederlandse Jenaplan Vereniging 2011
- H.Winters & F.Velthausz, “Jenaplan: School waar je leert samenleven”, NJPV, 2014

プロフィール

リヒテルズ直子（Naoko Richters）

九州大学大学院修士課程（比較教育学）及び博士課程（社会学）単位取得修了。1981年～1996年アジア、アフリカ、ラテンアメリカ諸国に歴住後、1996年よりオランダに在住。オランダの教育及び社会について自主研究し、成果を著作・論考で発表。2011年3月、JAS（イエナプラン・アドバイス&スクーリング社）よりイエナプランの普及に貢献した人に贈られるエイル賞を受賞。「一般社団法人日本イエナプラン教育協会」特別顧問。日本で講演やワークショップ、シンポジウムを行うほか、オランダでは、日本人向けのイエナプラン研修や視察を企画・コーディネートしている。

著書に、『祖国よ、安心と幸せの国となれ』（ほんの木）、『オランダの個別教育はなぜ成功したのか イエナプラン教育に学ぶ』（平凡社）、『今こそ日本の学校に！イエナプラン実践ガイドブック』（教育開発研究所）。訳書に、『イエナプラン 共に生きることを学ぶ学校』（ほんの木）、『学習する学校』（英治出版）。DVDに、『教育先進国リポート オランダ入門編』『明日の学校に向かって～オランダ・イエナプラン教育に学ぶ』（共にグローバル教育情報センター）。共著に、『親子が幸せになる 子どもの学び大革命』『いま「開国」の時、ニッポンの教育』（共にほんの木）、『公教育をイチから考えよう』（苫野一徳氏と共著 日本評論社）など多数。子どもたちの「考える力」を引き出す『てつがくおしゃべりカード』『てつがく絵カード』（共にほんの木）日本語版訳者。

著者のご好意により、視覚障害そのほかの理由で活字のままでこの本を利用できない人のために、営利を目的とする場合を除き「録音図書」「点字図書」「拡大写本」等の制作をすることを認めます。その際は、著作権者、または出版社までご連絡ください。

私がイエナプランと出会うまで
手のひらの五円玉

2020年10月21日　第1刷発行

著　者　リヒテルズ直子
発行人　高橋利直
編　集　岡田承子　永田聡子
発行所　株式会社ほんの木
〒101-0047
東京都千代田区内神田1-12-13 第一内神田ビル2階
TEL 03-3291-3011　FAX 03-3291-3030
E-mail　info@honnoki.co.jp
ブックデザイン　渡辺美知子
編集協力　松井京子
カバー・本文イラスト　小林いずみ/PIXTA（ピクスタ）
本文組版　株式会社 RUHIA
印　刷　中央精版印刷株式会社

ほんの木ウェブサイト　http://www.honnoki.co.jp

©Naoko Richters 2020　printed in Japan
ISBN978-4-7752-0125-1

造本には十分注意しておりますが、乱丁・落丁の場合はお取り替え致します。恐れ入りますが小社宛にお送りください。送料は小社で負担致します。但し、古書店で購入したものについてはお取り替えできません。本書の一部あるいは全部を無断で複写複製することは、法律で認められた場合を除き、著作権の侵害となります。また、業者など、読者本人以外による本書のデジタル化は、いかなる場合でも一切認められませんのでご注意ください。

良い本を広く社会に(Since 1986)

イエナプラン 共に生きることを学ぶ学校

フレーク・フェルトハウズ、ヒュバート・ウィンタース 著
リヒテルズ直子 訳　３３００円(税別)

本書は、イエナプランの教育ビジョンを実践するための、オランダで刊行された最新のイエナプラン教本の日本語訳書。イエナプランの起こりや理念、50年以上の研究や応用を基にした実践例や様々なアイデア、イエナプランを深く発展させるための要点が書かれています。イエナプランを初めて知る人、もっと学びたい人の必読書。

A5サイズ　2色刷
256ページ

祖国よ、安心と幸せの国となれ

リヒテルズ直子 著　１４００円(税別)

オランダの教育、社会を紹介しながら幸せな生き方と社会のあり方を描く。日本を創り変えたいと願うすべての人に贈る一冊。

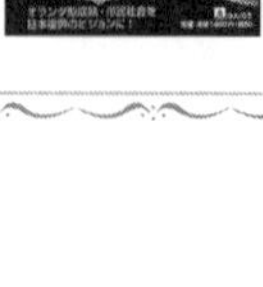

親子が幸せになる　子どもの学び大革命

保坂展人　リヒテルズ直子 著　１２００円(税別)

これからの時代を生き抜いていく子どもたちにとって、「学び」とは何か。教育とは、一人ひとりの子どもに夢と希望を育むもの。

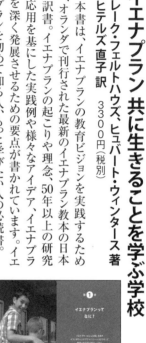

子どもたちの「考える力」「対話力」を伸ばす

てつがくおしゃべりカード

原作 ファビアン・ファンデルハム、
イラスト シンディ・ファンスヘンデル
日本語版プロモート及び訳
リヒテルズ 直子

価格 1800円(税別)

カードには、かわいいイラストと問いが1つずつ書かれています。子ども同士でも使えます。

入っているもの
てつがくおしゃべりカード50枚、説明カード6枚

対象年齢6歳以上
(子どもたちだけでも)

てつがく絵カード

原作 ファビアン・ファンデルハム、
イラスト シンディ・ファンスヘンデル
日本語版プロモート及び訳
リヒテルズ 直子

価格 2500円(税別)

少し小さな子どもたちと哲学するためのカードです。大人が進行役になって使います。

入っているもの
てつがく絵カード50枚、説明書

対象年齢4歳以上
(大人と一緒に)

リヒテルズ 直子 (日本語版プロモート及び訳)

訪問中のオランダの小学校で偶然出くわした「てつがく授業」。先生はカードの問いに沿って、子どもたちの言葉を確認していくだけです。そうしているうちに、大人にも思いつかない、本質をついた言葉が子どもたちの口から次々に現れてくる様子に、思わず涙がこみ上げるほど感動しました。

良い本を広く社会に（Since 1986）

愛とロマンあふれる　笑顔の保育を求めて

小松君江（コマーム子育て研究室）著　1200円（税別）

4人の息子を育てながら、主婦仲間と起業し、様々な子育て支援事業を展開。仕事と子育ての両立が可能な多様な働き方をつくる。

コロナ下のマイノリティ　子ども、生活困窮者、障がい者、外国人

市民セクター政策機構 編　1000円（税別）

多くの人々が未だに理解していない社会問題をコロナ下で起きた出来事を通して伝える。根底にある問題の構造を捉え、今後の課題を提起する。

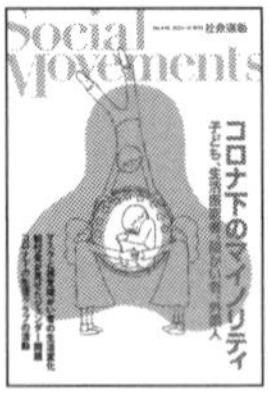

子ども食堂を作ろう　深刻化する子どもの貧困

市民セクター政策機構 編　1000円（税別）

子ども食堂を始めたい、興味がある、手伝いたいと思っている方におすすめのヒント集&全国子ども食堂レポート。

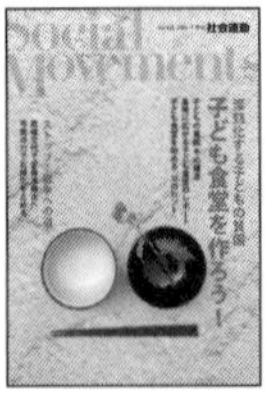

みんな幸せってどんな世界　共存学のすすめ

古沢広祐（國學院大学経済学部教授）著　1400円（税別）

貧困の克服、環境改善、食と農、安心して暮らせる社会の実現…。SDGs（持続可能な開発目標）理解の入門書としてもおすすめ。

良い本を広く社会に（Since 1986）

88万人のコミュニティデザイン　希望の地図の描き方

保坂展人（世田谷区長）著　1500円（税別）

ジャーナリストから政治家へ。人権と民主主義に根差し、世田谷区長として実現してきたことを語る。やり方によって社会は変わる！

アマゾン、インディオからの伝言　「天声人語」で紹介！素っ裸のアマゾン!!

南研子（NPO法人熱帯森林保護団体）著　1700円（税別）

天声人語で絶賛。電気も水道もガスも、貨幣経済もないインディオとの生活ルポ。読む者を感動させ、魅了します。

ゆるマナー始めましょ　これからの時代を生きる私たちが知っておきたい簡単マナー

岡田承子・柳田圭恵子（マナー・インストラクター）著　1000円（税別）

マナー・接遇インストラクター2人が、マナーの大切なポイントを、やさしく、楽しく、わかり易く書いた格好の入門書。

上を向いて話そう

桝井論平（TBSラジオ卒）著　1300円（税別）

元アナウンサーの論平さんが、大切にしてきた言葉使いや話術を、楽しく、わかりやすく紹介。読んでいくと自然に会話力が身につく本。

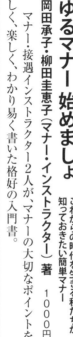

良い本を広く社会に(Since 1986)

自費出版のご案内

ほんの木の自費出版は
社会貢献型です。

自費出版を、著者のご希望にそって、
総合的にプロデュースします。
全国主要書店への流通から、
パブリシティー・プランまで
ご相談承ります。

著者の想いと夢を形にします!

●費用は、本の形、頁数、造本、写真やイラストの有無、カラーか1色か、原稿の完成度などにより異なります。
●詳しくは、小社までお問い合わせください。

〈お問い合わせ〉株式会社ほんの木
〒101-0047 東京都千代田区内神田1-12-13 第一内神田ビル2階
TEL 03-3291-3011　FAX 03-3291-3030　メール info@honnoki.co.jp